*Mini Velo*와 함께한

지중해에서 대서양까지 프랑스 종단 자전거 여행

Le Canal des 2 Mers à vélo

Le Canal des 2 Mers à vélo
르 까날 데 두 메흐 아 벨로

Covid-19가 한창일 때, 명목상 어학 연수를 위해 유럽에 체류하는 기간 동안 때로는 알프스 산들이나 산티아고 순례길 등을 트레킹 다니기도 하고, 때로는 유럽 각 나라 주요 도시 여행을 다니기도 했다. 유럽 일주 여행 당시에는 주로 버스나 기차, 카페리 여객선 등을 이용했지만, 모든 여행에 늘 브롬톤(Brompton) 자전거를 동반하여 도시 내에서 아주 유용한 교통수단으로 활용하고는 했다.

그런가 하면 온전히 자전거로만 진행한 여행을 하기도 하였다. 이를테

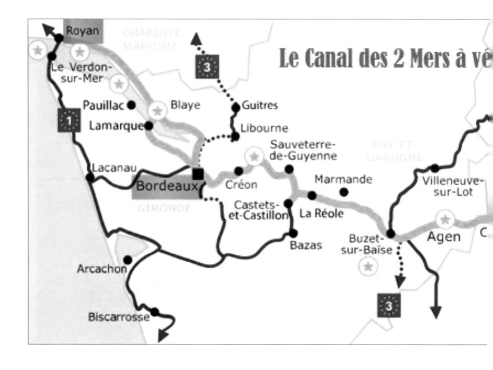

면, 비아로나(ViaRhôna(http://en.viarhona.com) 자전거 길이 그 첫 번째로, 제네바 호수 동남단 프랑스와 스위스 국경 마을 세인트 정골프*Saint Gingolph*에서 시작하여 지중해 뽀흐 셍 루이 뒤 혼*Port-Saint-Louis-du-Rhône*의 나폴레옹 해변까지 혼(Rhône)강을 따라 달리는 815km 구간이었는데, 이 구간을 달리며 눈 덮인 알프스도 조망하는가 하면 꼬뜨 뒤 혼(Côte Du Rhône) 론강 유역의 포도 산지 풍경도 마주하게 되고, 이어서 또 다른 프랑스의 분위기가 물씬 풍기는 남부 프로방스 풍경을 가로지르며 햇살 가득한 지중해에 이르게 된다. 그리고 그 두 번째가 르 까널 데 두 메흐 아 벨로(Le Canal des 2 Mers à vélo(https://www.canaldes2mersavelo.com/))로, 이번 책에서 소개하는 자전거 여행길이다. 르 까널 데 두 메흐 아 벨로(Le Canal des 2 Mers à vélo)는 2메흐(Mers)– 지중해와 대서양 –를 이어 주는

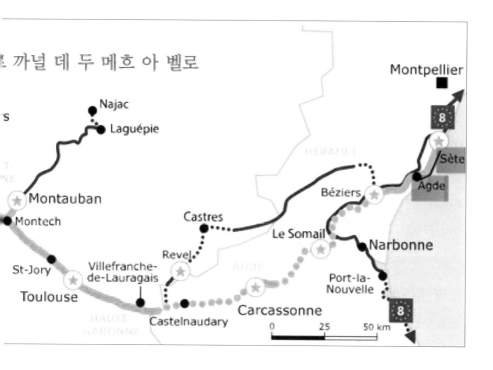

미디 운하(Canal du Midi, 까널 뒤 미디)와 가혼운하(Canal du Garonne, 까널 뒤 가혼느) 자전거 길을 말한다.

이 중 까널 뒤 미디(Canal du Midi)는 가혼(Garrone) 강이 지나는 툴루즈*Toulouse*에서 지중해 세트*Sète*까지 건설한 인공 운하로, 지정학적으로 아주 중요한 의미를 지닌다. 툴루즈*Toulouse*에서 대서양까지는 이 구간을 흐르는 가혼(Garrone) 강을 통해 이미 물류가 가능하였기에 미디 운하(Canal du Midi, 까널 뒤 미디)를 건설함으로써 지중해에서 대서양까지 또는 그 반대 방향인 대서양에서 지중해까지 물류가 가능하게 되었기 때문이다.

역사적으로 볼 때, 본디 좁은 해협에는 해적들이 기승을 부려왔다. 프랑스와 영국 사이 도버 해협으로 대표되는 영국 해협이라든가 페르시아만의 호르무즈(Hormuz) 해협, 그리고 지중해와 대서양 사이 관문 같은 역할을 하는 지브롤터(Gibraltar) 해협이 그러하였는데, 특히 지브롤터 해협의 경우 해적의 피해가 가장 심각했다. 북아프리카와 유럽 이베리아 반도가 10여km 거리에 불과한 해협을 사이에 두고 마주하고 있는 지리적 환경이라서 해적들이 약탈을 일삼기에 최적의 환경이었다. 따라서 지중해 중심의 해상 교역이 활발한 고대 시대부터 지브롤터 해협에서 일삼는 해적들의 약탈은 이 지역의 역대 통치자들에게 큰 골치이자 해결해야 할 숙제였다. 따라서, 로마 황제 옥타비아누스, 프랑크 왕국의 샤를마뉴 대제, 프랑스 왕 프랑수아 1세나 앙리 4세 등 통치자들에게 있어 숙원 사업이었던 미디(Midi) 운하 건설이 결국 태양의 왕으로 불리는 루이(Louis) 14세에 의해 추진되어 착공한 지 14년 만인 1681년에 완공되었다.

이렇게 건설된 미디(Midi) 운하는 뛰어난 엔지니어링 및 예술적 디자인으로 1996년 유네스코 세계문화유산으로 등재되었고, 2016년에는 세계적인 토목공학기술의 랜드마크로 지정되기도 했다.

이런 역사적 배경과 의미를 간직하고 있는 미디(Midi) 운하를 따라 달리는 자전거 여행을 통해 대서양까지 이르게 된다고 상상하는 것만으로도 흥미롭지 않을 수 없다. 따라서 기한에 제약받지 않고 최대한 유유자적하면서 이곳 프랑스 역사의 숨결과 문화를 호흡하고자 한다.

필자의 모든 여행이 그러했듯이 사실 이번 자전거 여행 역시 사전에 별다른 준비는 전혀 없었다. 단지 구글 지도 상으로 미디(Midi) 운하와 가혼강 또는 가혼운하길을 사전에 확인을 해 두었고, 그저 스마트폰 구글 지도에 의존해서 이들 수변을 따라 지중해에서 대서양까지 자전거 여행을 진행하면 별 문제가 없을 것이라고 쉽게 생각한 것이 전부라고 할 수 있다. 따라서, 지도 상으로 지중해 항구 도시로 보이는 아그드 *Agde*가 미디(Midi) 운하의 시작 지점이고, 가혼(Garonne) 강이 대서양으로 흘러드는 강하구 도시 보르도*Bordeaux*가 여행의 종착점이라고 쉽게 단정했던 것이다.

그런데 여행이 한참 진행되고 있을 무렵 어디에선가 이정표 길안내판에 표기된 "Le Canal des 2 Mers à Vélo"를 보고서야 필자가 자전거로 여행하고 있는 길이 바로 "Le Canal des 2 Mers à Vélo"라는 테마 자전거 길임을 비로소 깨닫게 되며 해당 사이트(https://www.canaldes2mersavelo.com/)를 통해 시작과 끝이 아그드*Agde*와 보르도*Bordeaux*가 아닌 세트*Sète*와 후아양*Royan*임도 새삼 깨닫게 되면서 자연스럽게 목적지를 수정하게 되었다.

사실 우연찮게도 미디(Midi) 운하가 시작되는지 몰랐던 항구도시 세트(Sète)에서 필자의 자전거 여행도 시작되었다. 3학기 어학연수를 모두 마치고 떠나게 된 리용*Lyon*에서 몽펠리에*Montpellier*까지는 Inter city 버스인 플릭스버스(Flixbus)로 이동을 했고, 몽펠리에*Montpellier*에서 세트*Sète*까지는 기차로 이동을 한 후, 세트*Sète*에서 테마 자전거 여행의 출발지로 알았던 아그드*Agde*까지는 부담 없는 거리라서 자전거를 타고 워밍업하듯 이동하면서 사실상 "Le Canal des 2 Mers à Vélo, 르 까날 데 두 메흐 아 벨로" 여행을 제대로 시작하게 되었던 것이다.

목차

02 Canal Lateral a la Garonne 가혼 운하

03 Garonne Estuaire 가혼 강기슭

01

Canal du Midi
미디 운하

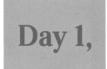

Day 1,

(2022. 01. 26.)

세트 Sète ~ 아그드 Agde

*Montpellier*를 경유하여
*Sète*에서 자전거 여행 시동을 걸다

Sète ~ Agde
Day 1 29.09km
누적 거리 29.09km

전날을 마지막으로 프랑스 어학연수를 마치고 당일부터 여행을 재개한다. 겨울 방학 여행에서 돌아온 이후로도 사실 대통령 선거 후보자 관련 뉴스나 유튜브 방송에 빠져들며 어학연수에 별로 충실하지 못한 만큼 어학연수는 대충 떼웠다는 표현이 적절할 듯싶다.

사실 3학기 과정의 어학연수 중 첫 학기는 자전거 하이킹 중 낙상으로 쇄골뼈가 부러져 수술을 받기 위해 우리나라를 다녀가야 했고, 두 번째 학기에는 부친상으로 한국을 다녀와야 했으며, 세 번째 학기 중에는 짧은 가을 방학 중에 발칸 국가들과 이탈리아 등 긴 여행을 다녀왔는가 하면, 한국에서 찾아와준 고교 친구들을 동반하여 알프스 일대를 여행 다니게 되는 등 잦은 결석으로 어학연수는 이미 관심 밖이었다고 할 수 있다.

성탄절 연휴 겨울 방학 여행 중에는 발트 지역 여행을 하면서도 국외 부재자 재외선거인 등록을 하였고, 방학 이후 학교에 돌아와서도 후보자들 관련 유튜브, 언론들의 탐사 보도에 남다른 관심을 보여온 만큼 다가오는 2월 말에는 파리에 있는 주 프랑스 한국 대사관에 가서 유권자로서 당연히 참정권을 행사하고자 한다.

아무튼, 오늘부터 미니벨로 자전거 여행을 위해 불필요한 짐들은 전날 한국으로 보냈고, 당일 이른 아침, 모든 것을 정리한 리용Lyon을 떠나 바르셀로나행 플릭스버스(Flixbus)를 이용하여 프랑스 남부 몽펠리에 Montpellier에 이르게 되고, 다시 몽펠리에Montpellier에서는 기차를 이용하여 지중해 항구도시 세트Sète에 이르러 이곳에서는 기차 대신에 일부러 자전거를 타고 지중해 바닷바람을 쐬며

Sète 역전

아그드Agde에 도착하게 되는데, 세트Sète에서 아그드Agde 구간은 2018년 스페인에서 이태리까지 지중해 자전거 여행을 할 당시 경유했던 구간이라 감회가 새롭지 않을 수 없다.

세트Sète에서 아그드Agde 사이에는 지중해와 나란한 또연못(Étang de Thau, 에땅 드 또)이 또 다른 바다의 모습

처럼 광대해 보인다. 바다와 연못은 최소한 10km 이상의 방조제가 구분해 주고 있는데, 그 중간에는 공중 화장실을 갖춘 넓은 쉼터가 있다. 3년여 전인 2018년 9월 스페인 베르셀로나 *Barcelona*에서 이태리 벤티미글리아*Ventimiglia*까지 지중해 자전거 여행을 할 때 쉬어 갔던 곳으로, 당시 필자와 반대 방향으로 진행하던 스페인 동호인들을 만나 그들을 통해서야 당시 진행하던 지중해 자전거 길이 'La Méditerranée à vélo'이자 'EuroVelo 8' 자전거 길임을 알게 되고, 이 길을 소개하는 소책자도 전해 받은 바 있었다. 같은 공중 화장실 쉼터에 들러 보지만, 지난날 추억만 떠올려 볼 뿐 필자 이외 인적을 찾아볼 수 없는 쓸쓸한 모습이다.

그런가 하면, 이곳 세트*Sète*로 오기 직전에 경유했던 몽펠리에*Montpellier*

에서 기차를 탑승하기 전 여유 시간에 몽펠리에역(Gare de Montpellier Saint Roch) 지근거리 코미디 광장(Place de la Comedie)을 들러 봤을 때도 작은 에피소드가 있다. 코미디 광장은 몽펠리에의 도심 한복판에 해당하는데, 그 광장 중앙에는 오페라 극장을 배경으로 삼미신 분수(三美神, Fontaine des Trois Grâces)가 있다. 삼미신은 각각 매력(charm), 미모(beauty), 창조력(creativity)을 맡고 있고, 아름다움을 겨룬 그리스 여신 헤라, 아테나, 아프로디테를 가리키기도 한다.

바로 이 분수대 앞에서 기타 연주를 하고 있는 노신사가 시선을 잡아끌었다. 3년 전 이 광장에서 만났던 노신사와 동일 인물이었던 것이다. 모자와 옷차림은 달라도 느낌만으로도 동일 인물임을 알아챌 수 있었던 게 연주곡이 앤디 윌리엄스(Andy Williams) 대부의 주제곡 「Speak Softly Love」로, 2018년 가을 자전거 여행 당시 이 장소에서 들었던 연주곡과 동일한 노래였던 것이다. 다만, 3년여 시간의 흐름 속 세파에 의해 다소 찌든 듯한 모습이 다소 안타까웠다. 아마 행인들의 버스킹(Busking)에 대한 관심도가 예전 같지 않은 것도 이와 무관치 않을 것 같다.

이런 과정을 경험하며 아그드*Agde*를 찾아온 것은 내일부터 지중해 항구 도시 이곳에서 대서양 보르도*Bordeaux*까지 본격적인 자전거 여행을 하기 위함이다. 아그드*Agde*에서 프랑스 중남부 도시 툴루즈*Toulouse*까지는 미디(Midi) 운하를 달리게 될 것이고 툴루즈*Toulouse*에서 보르도*Bordeaux*까지는 가혼강(Garonne) 또는 가혼강 옆 측설 운하(Canal Latéral à la Garrone) 길을 달리게 될 것인데, 각각 대략 300Km, 450Km 정도로 총 거리는 아마도 750Km 정도가 될 듯하다.

보르도 이후는 주로 기차를 이용하여 푸아티에*Poitiers*, 낭트*Nantes*, 몽셀미셸*Mont-Saint-Michel*, 그리고 노르망디*Normandie* 지역 등을 거쳐서 대통령 선거 재외거주자 투표를 위해 파리에 입성하게 되지 않을까 싶다.

언젠가부터 가급적 정치색을 SNS에서 노출시키고 싶지는 않았지만, 이번 대선의 경우는 그 결과에 따라 우리 대한민국을 아주 심각한 상황에 빠져들게 할 수 있는 양상을 보이고 있어 조심스럽게 감춰 두었던 속마음을 표하지않을 수 없다.

현재의 대선 구도는 크게 보면 법위에 군림해 온 검찰과 조중동 등 공정 사회로 가는 길을 막아온 치외법권 세력과 이런 세력들을 발본색원(拔本塞源) 하려고 칼을 갈고 있는 의로운 후보와의 사활을 건 승부로 대한민국의 명운까지 걸려 있는 듯 보이기 때문이다.

수구언론들과 검찰은 자신들의 초법적 기득권을 향유하기 위해 한 팀이 되어 대선에 뛰어든 모양새이다. 따라서 수구언론의 모든 활동은 특정 후보에 대해서는 사실로 드러난 수많은 의혹들을 덮어주기에 바쁜가 하면, 상대 후보에 대해서는 이미 허위 사실로 밝혀진 그간 의혹들조차 지속적으로 우려먹으며 부정적 이미지를 확산시키기 위해 전력을 다하고 있다. 특정 후보를 당선시키기 위해 편파적으로 대선에 뛰어든 모습을 보이고 있는 것이다. 또한 검찰은 후보자들 관련 의혹들의 진위를 밝히기 위한 일에 손놓고 있다. 이는 당연히 자신들의 기득권을 지켜줄 후보에게 불리해지고 상대 후보가 유리해지는 상황을 의도적으로 차단하기 위한 공작적 정치 행위와 다름없다.

상황이 이런 지경이다 보니 대한민국을 구렁텅이로 몰고 갈 문제 후보의 흠결은 덮이고 있는가 하면, 험난하고 복잡다단한 국내외 정세의 파고를 헤쳐나갈 능력 있는 후보는 부정적으로 매도되고 있는 말도 안 되는 상황들이 지속적으로 전개되고 있다.

이러한 언어도단의 상황을 타개할 유일한 길은 모든 논란들의 본질을 살피기 위한 유권자의 자발적 노력이 요구된다 하겠다. 다행스럽게도 대다수 레거시(Legacy) 언론들이 의도적으로 외면하고 있는 진실들을 일부 소수 탐사보도 유튜브 언론들이 소명 의식을 갖고 찾아내어 전하고 있다. 따라서, 이런 언론 등을 통해서라도 진실에 접근한 이후 유권자로서 소중한 참정권을 행사해 주기 바라는 마음이 간절할 뿐이다.

필자는 이번 대선을 통해 대한민국이 거듭나기를 바라는 마음의 발로에서 정의로운 후보의 승리를 염원하는 마음도 담아서 자전거 여행을 이어나갈까 한다.

얘기가 본 여행에서 많이 벗어났다. 여행으로 다시 돌아오면, 아그드 *Agde*에서는 미디(Midi) 운하가 에호(Herault) 강을 통해서 지중해와 바로 연결되지만 아그드*Agde* 동쪽 항구 도시 세트*Sète*의 경우는 미디(Midi) 운하가 아그드*Agde*와 세트*Sète* 사이 또연못(Etang de Thau, 에땅 드 또)이라는 염수 연못을 지나 세트*Sète* 항구에 이르러서야 지중해로 연결된다. 아무튼 이번 여행 중 나중에 우연히 알게 된 해당 사이트(https://www.

canaldes2mersavelo.com/)에 의하면 세트 *Sète*가 미디(Midi) 운하의 시작점이자 지중해 대서양 자전거 길의 출발점이었던 것이다.

따라서, 몸풀기 식으로 가볍게 시작한 오늘 구간이 의도하지 않은 지중해 대서양 자전거 여행의 첫 구간이 되었다.

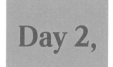

Day 2,

(2022. 01. 27.)

아그드 Agde ~ 베지에 Béziers

*Canal du Midi*의 중심도시, *Béziers*에서 우연히
운하 설계자 *Pierre Paul Riquet*를 만나다

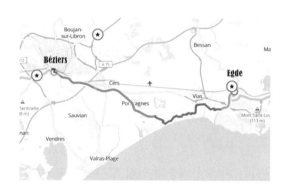

Agde ~ Béziers
Day 2 29.49km
누적 거리 58.58km

오늘부터 지중해에서 대서양까지 자전거 여행의 전반부에 해당하는 미디 운하(Canal du Midi) 자전거 길을 본격적으로 달리게 된다.

먼저 미디(Midi) 운하에 대해 다시 설명을 하자면, 프랑스 남서부 내륙 중간 지점에는 프랑스에서 4번째로 큰 도시 툴루즈*Toulouse*가 자리하고 있는데, 이 도시 툴루즈*Toulouse*에는 스페인 피레네 산맥 카탈루냐 지방에서 발원해서 대서양으로 이르는 가흔

(Garonne) 강이 흐른다.

따라서 지중해에서 툴루즈 Toulouse까지만 물길을 만들면 대서양까지 쌍방향 왕래와 물류가 가능하다는 얘기가 된다. 그래서 만들어진 수로가 바로 미디 운하(Canal du Midi)로, 놀랍게도 산업혁명 이전인 1667~1694년에 건설되었다고 한다.

아마도 산업혁명 이전이라 육상 교통이 낙후되어있던 시절인 반면, 15세기에 대항해 시대가 열리고 신대륙이 발견되면서 해상교역이 활발해진만큼 내륙까지 원활한 물류를 위해서 당시 운하건설이 절실했을 것으로 미루어 짐작된다.

이렇게 건설된 미디(Midi) 운하는 사실상 지중해 인접 도시 아그드Agde를 지나는 에호강(Herault) 하류에서 시작한다. 시작되는 곳에는 원형 갑문

(Écluse Ronde d'Agde, 에클루즈 혼 다그드) 이 있고 갑문은 대여 보트들이 즐비한 호수처럼 널찍한 아그드Agde 마리나 항으로 이어진다.

자전거로 달리게 되는 운하와 나란한 길은 대체로 비포장도로라서 자전거 여행하기에 최적

의 환경은 아니다. 짐도 부담스러울 정도로 적잖은 무게라서 하루 달릴 거리에는 욕심을 내지 않으려 한다. 어차피 한 달 후 재외 부재자 투표 이외 다른 일정도 없는 만큼 달리 급할 이유가 없기 때문이기도 하다.

아그드*Agde* 마리나 항을 벗어나 미디(Midi) 운하의 자전거 길에 접어들어 얼마 달리지 않은 지점에서 운하 변 길가에 추모영정과 꽃다발이 놓여져 있는 모습을 만난다. 아마 물놀이 중 사고사를 당한 지점으로 추정된다. 2019년 몰타에 2개월가량 머물며 곳곳을 트레킹 다닐 당시에도 외진 도로 변에서 이런 추모 영정을 몇 차례 목격한 적이 있었다. 이런 경험들로 봐서 서양에는 예기치 않은 사고사 지점에 고인을 추모하기 위해 영정을 설치하

고 꽃다발을 헌화하는 문화가 있는 듯하다. 게다가 조화 또한 우리나라처럼 흰색에 국한되지 않음을 추정해볼 수 있다.

대략 7km 남짓 거리를 지날 무렵 리브혼(Libron) 지천과 교차하는 리브혼 시설(Ouvrages du Libron, 우브하즈 뒤 리브혼)을 지난다. 리브혼(Libron) 시설은 운하가 리브혼(Libron) 천과 교차하는 지점에 있는 시설로 폭우가 내릴 때 리브혼(Libron) 천에서 휩쓸

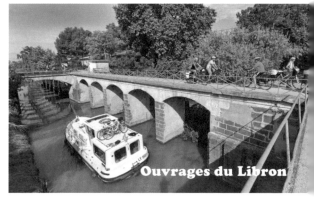

Ouvrages du Libron

Port Cassafieres

려 내려오는 흙모래 등의 퇴적을 방지하기 위한 장치들을 갖추고 있는데 짧은 시간에 그 메카니즘까지 제대로 이해하기는 쉽지 않다.

10km 남짓 서진(西進)하여 까싸피에흐 항(Port Cassafieres)을 지난다. 항에는 보트들이 가득하고, 주변에는 캠핑장이 있는 것으로 봐서 휴일이나 바캉스 시즌에는 레저 인파로 들썩거리는 휴양지일 듯싶다.

Écluse de Portiragnes

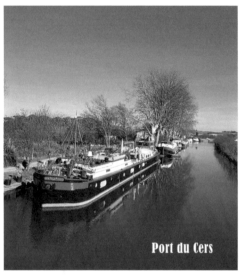

Port du Cers

다소 지루하게 15Km를 달려서야 첫 마을 뽀흐띠하뉴*Portiragnes*를 지나면서 뽀흐띠하뉴 갑문(Écluse de Portiragnes)을 만나는데, 수위 차이가 있는 수로 위아래에 갑문 두 개를 갖춘 도크(Dock/Écluse)의 모습이다. 도크에 물을 채우거나 빼는 방식으로 수위를 조절함으로써 배가 도크로 진입하거나 나갈 수 있게 하여 높낮이가 다른 수로를 통과해 배가 지날 수 있게 한다.

14시경, 마을 쎄흐*Cers*를 지날 무렵 수로 건너편 레스토랑이 눈에 들어온다. 시간이 다소 늦었지만, 찾아가니 다행히 식사가 가능하다고 한다.

주문하여 나온 메인 음식이 엉꼬흐네 소시(Encornet Sauci)라고 뜻하지 않

은 오징어 순대다. 에피타
이저 살라드 세자흐(Salade
César)와 후식 사과 파이
까지 가격도 18.5유로에
불과한데, 양이 너무 많다.
적잖게 남겼는데도 숨쉬기
곤란할 지경으로 배부르
다. 오징어 순대로 보이는
엉꼬흐네 소시(Encornet
Sauci)의 정확한 번역은 오
징어 소시지로, 오징어 속
에는 일반 소시지에 들어
갈 만한 재료들로 채워져
있다. 이후, 이 지역 대형
마트에서만 엉꼬흐네 소시
(Encornet Sauci)를 조리 식
품으로 만나게 되는데, 이
를 미루어 짐작할 때 오징
어 소시지(Encornet Sauci)

는 지중해 남서부 지방의 전통 요리가 아닐까 싶다.

이 대목에서 프랑스 지방의 작은 마을에서 만나게 되는 레스토랑에 대
해 설명하자면, 일반적으로 전체요리(Entrees, 엉뜨헤), 주요리(Plats, 쁘라),
후식(Desserts) 모두 포함해서 대략 15유로에서 20유로 정도 한다. 대체로
그다지 비싸지 않고 가격 대비 음식의 양이나 질이 훌륭하다.

또한 엉뜨헤(Entree), 쁘라(Plats), 후식(Desserts)별로 각각 5~6가지 정도 준비되어 있어 선택의 폭도 다양하다. 사실 외국에서 메뉴판을 보고 음식을 주문할 때 당황스러울 때가 적잖을 것이다. 특히 잘 모르는 현지어 메뉴판일 때, 필자의 경우는 먼저 영어 메뉴판을 가져달라고 하고 음식명이 낯설을 때는 음식에 들어가는 식재료를 고려하여 주문을 하는 편인데, 이렇게 주문해서 낭패를 본 경우는 거의 없었다.

참고로, 프랑스 레스토랑은 대체로 음식점 테이블 숫자만큼의 음식을 순비해 놓는다. 따라서 맛집 레스토랑 경우 예약이 필수이다. 그렇지 않을 경우, 식당홀에 빈 테이블이 있음에도 풀부킹되어 있다는 답변을 들을 수도 있다.

1시간 이상의 긴 점심 시간을 즐긴 이후 오래 달리지 않아 빌르뇌브-레-베지에 *Villeneuve-lés-Béziers* 마을을 지난다. 제법 규모도 있고 운하와 조화로워 보이는 마을이다. 수로 인근 로타리에 프랑스의 상징인 수탉 조형물이 품격 있는 모습으로 자리하고 있다. 수탉은 프랑스어로 갈뤼스(Gallus)이고 프랑스 원주민도 골루와(Gaulois) 족으로, 발음이 비슷한 연유에서 프랑스 상징이 되었다고 한다.

16시 남짓되어 28km 거리의 베지에Béziers에 이른다. 넓은 베지에Béziers 항의 규모가 미디(Midi) 운하에서 베지에Béziers 마을이 차지하는 위상을 말해주는 듯하다. 베지에Béziers 항 위아래 운하에는 베지에 갑문(Écluse de Béziers)과 오흐브 갑문(Écluse de l'Orb)이 자리하고 있다.

페달을 끊임없이 돌려야 하는 다리가 이미 진작부터 무거웠기에 이곳으로 오는 도중에 미리 예약해놓은 베지에Béziers에 있는 숙소로 향하는데, 제법 높은 구릉지 언덕을 올라야 한다. 경사가 급해서 페달을 돌리지 못하고 자전거를 끌고서 힘겹게 올라야 했는데, 언덕 위에는 도시 규모에 비해 넓게 느껴지는 장 조레스 광장(Place Jean Jaurès, 플라스 쟝 조레스)가 있는 등 베지에Béziers의 중심을 이루고 있는 듯 보인다.

지근거리에 있는 숙소에서 휴식을 취한 후 잠시 산보 삼아 나와본 광장에 누군가의 동상이 있어 확인해 보니 삐에르 뽈 히케 (Pierre-Paul Riquet) 동상이고, 그가 바로 미디(Midi) 운하를 설계하고 건설한 기업가인 것이다. 미디 (Midi) 운하 종주를 하고 있는 필자가 베지에Béziers 에 하루 머물기로 하고 이 높은 마을까지 고생스럽게 올라온 것이 우연이 아닌 필연이 아니었을까 싶다.

이곳 장 조레스 광장(Place Jean Jaurès)에 세워져 후대에 기려지고 있는 삐에르 뽈 히케(Pierre-Paul Riquet)의 존재가 있었기에 대략 350년 전에 그가 건설한 미디(Midi) 운하에 이끌려 필자 역시 이곳에 올 수 있었기 때문이다.

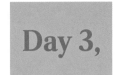

Day 3,

(2022. 01. 28.)

베지에 Béziers ~ 까쁘스떵 Capestang

Midi 운하 중심도시 *Béziers*에는 갑문이 무려
9개나 되는 계단식 도크 시설이 자리하고 있다

Béziers ~ Capestang

Day 3 24.25km

누적 거리 82.83km

10시 30분경, 숙소를 나서서 어제 종착점인 오흐브(Orb) 갑
문소로 이동하여 미디(Midi) 운하 자전거 여행을 속개한다.

갑문을 막 지나면서 운하 건너편
으로 베지에*Béziers* 구릉마루에 있
는 셍 나제르 대성당(Cathédrale
Saint-Nazaire)과 생 자크 교회
(Église Saint-Jacques), 그리고 비테
루아 박물관(Musée du Biterrois)
등이 시야에 들어오는데, 역시나

Pont-Canal de l'Orb
(오흐브강에 건축한
Midi-운하 다리)

2,600년 된 프랑스 최고의 역사 예술 도시다운 분위기가 느껴진다. 베지에*Béziers*는 B.C. 6세기 그리스 식민 도시로 세워졌고, B.C. 1세기에는 로마 제국 옥타비아누스 아우구스투스(Octavius Augustus) 황제가 퇴역 군인을 위한 식민지로 재건하고 배테라*Baeterrae*라고 불렸는데, 바로 배테라의 불어 명칭이 비테루아*Biterrois*였던 것이다.

이내 이런 고도 베지에*Béziers*를 등지고 운하를 따라서 오흐브(Orb) 강을 건너는데, 놀랍게도 미디(Midi) 운하가 오흐브(Orb) 강 위로 세워진 다리 위에 만들어져 있는 것이다. 이를 오흐브강 미디(Midi) 운하 다리(Pont-Canal de l'Orb)라고 칭하는데, 참으로 경이로운 모습이 아닐 수 없다.

하지만, 아직 제대로 놀라기는 이르다. 다리를 건넌 후 얼마 달리지 않은 거리에 폰세란*Fonseranes* 지구 언덕이 나타나는데, 폰세란*Fonseranes*지구의 경사면에는 9개의 갑문이 계단식으로 자리 잡고 있다. 이름하여 폰세란 9 갑문(Les 9 Écluses de Fonseranes)으로 8단 도크 기능을 하며 위아래 운하의 높낮이 차이를 극복하고 선박이 오르내릴 수 있게 만든 시설인 것이다.

또한 그 왼편으로는 폰세란 워터 슬로프(Pente d'Eau(뻥뜨 도) de Fonseranes)가 만들어져 있는데, 사용되지 않고 있다. 이 역시 언덕 위와 아래의 표고 차를 극복하되 이미 만들어진 9개의 갑문을 통과하는 것보다 선박들이 더욱 빨리 이 구간을 통과할 수 있도록 설계된 미끄럼 방식의 워터슬로프이다. 이런 목적을 위해서는 배를 양쪽에서 잡고 위아래로 오르내리는 견인 시설이 필요했겠지만 이 단계까지 나아가지 못하고 중간에 포기했던 프로젝트였던 것 같다.

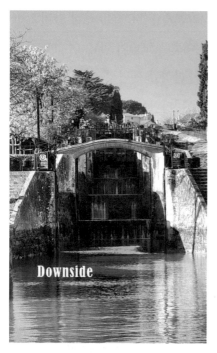 

아무튼, 폰세란 9 갑문(Les 9 Écluses de Fonseranes)의 각 갑문과 나란한 경사 통행로 바닥에는 시공 년도와 해발 높이가 금속판에 새겨져 있는데, 이에 의하면 이곳 갑문(Écluse, 에크뤼즈)들은 1678년부터 1680년 사이에 만들어졌고, 표고 차는 21.5m 길이는 312m이다. 고도의 공학을 필요로 할 이런 역사(役事)를 산업혁명도 일어나기 전에 이루어냈다는 사실이

믿기 어려울 정도이다.

이를 입증하듯 미디(Midi) 운하를 완공하고 백여 년이 지난 1787년, 나중에 미국 2~3대 대통령이 되었던 토마스 제퍼슨(Thomas Jefferson)이 프랑스 주재 미국 대사일 당시 운하 기술을 미국에 도입하기 위해 이곳을 방문한 적이 있었는데, 포토맥(Potomac)강과 이리(Erie)호를 연결하는 운하 건설을 구상하기 위해서였다고 한다. 참고로 이리호는 북아메리카 동북부 미국과 캐나다 국경에 있는 5대 호 중 하나이다.

다만, 대역사(大役事)가 있었던 역사(歷史)의 현장에서 시즌이 아니라서 유람선을 타 보는 꿈같은 체험을 할 수 없었던 것은 적잖은 아쉬움으로 남는다. 아쉬움을 뒤로하고 갈길을 재촉하는데 9개 갑문을 지나서는 미디 (Midi) 운하 길이 줄곧 수풀 속 오솔길이다. 차바퀴 폭보다 좁은 길이 그마저도 고랑처럼 파여 있어 중심을 잃지 않고 달리는 것조차 용이치 않다.

상황이 이러하여 속도도 낼 수 없어 탄력 주행이 어렵다. 따라서, 바퀴마다 힘주어 페달을 돌려야 하니 힘은 힘대로 들고 진행은 날로 더디어지니 운하 주변 광활한 포도밭의 평온한 풍경이 공연히 야속하다.

이런 지경에서 대략 10km 거리에 있는 마을 콜롬비에*Colombiers*에 이르니 이미 12시를 훨씬 넘어섰다. 콜롬비에*Colombiers* 항은 중심에 섬까지 품고 있는 넓직한 호수 같은 분위기라서 운하의 느낌을 갖기 어려울 정도이다.

이후 12시 40분경, 대략 12km 거리에서 말파스 터널(Malpas tunnel)을 맞닥뜨린다. 이처럼 미디(Midi) 운하는 때론 다리를 건너기두 하고 때론 도크를 이용해 언덕을 오르내릴 뿐만 아니라 터널을 지나기도 하는 것이다.

le Tunnel du Malpas

철도나 차량이 없던 시절에 물길을 내기 위해 터널을 굴착해 내었다는 사실이 또 다시 경이롭지 않을 수 없다. 1679~1680년에 걸쳐 엉세륀(Ensérune) 언덕 밑에 173m의 터널을 뚫었다고 하는데, 터널에 자전거 길은 없어 엉세륀(Ensérune) 언덕을 넘어 반대편 운하 길로 접어들게 된다. 마침 언덕 위에 있는 와인 광고 입간판이 이 지역이 프랑스 와인 주산지 중 하나인 렁그도크 *Languedoc* 지방임을 말해 주고 있다.

언덕을 넘어 접어든 운하 길 역시나 좁다란 오솔길인데, 트레킹을 하는 한 무리가 반대 방향에서 다가오고 있다가 멈추어 비켜 선다. 캡틴의 지시에 따른 것으로 이렇게 내어준 길을 필자가 지나갈 때 응원과 격려의 말들을 아끼지 않는다. 마치 순간 열병식을 받는 듯한 모양새가 된 것이다. 트레킹하는 분들은 주로 노년기에 접어든 10명 남짓 되는 분들로, 아마도 의사의 처방에 따라 자연 치유 활동을 하는 환자(?)분들로 짐작된다. 마음이 따뜻한 분들의 격려에 힘을 내어 보지만, 좁다란 길에 다소 땅이 질기까지 하여 진행하는 데 힘이 몇 곱절 더 들어 차라리 자전거를 끌고 가는 게 낫겠다 싶을 정도이다.

말파스 터널(Malpas tunnel)을 지나 운하 건너편 구릉지에는 고고학적으로 가치있는 고대 유적지가 있는 듯한데, 그 정착지는 B.C. 6세기부터 A.D. 1세기까지 고대인이 거주해온 언덕 마을 오피둠 덩세륀(Oppidum D'Ensérune)으로 해안 평야를 조망하고 있고 마을 아래 가까이에는 비옥한 농경지가 있다고 한다.

13시 20분 무렵이 되어서야 17km 거리의 마을 뿌아일Poilhes을 지나는데 운하가 마을을 감아 돌아 흐르고 있어 운하가 마치 해자(垓子) 역할을 하는 듯 보이는데, 운하 바깥쪽에는 부식된 옛 대포가 있어 그런 느낌을 재확인시켜준다. 뿌아일Poilhes를 지나 까쁘스떵Capestang에 이르는 길 역시 진행을 더디게 하는 좋지 않은 길이다. 시속 8km에 불과한 수준이니 뛰는 것보다 못한 진행이라 할 것이다.

아무튼, 24km 남짓 거리의 마을 까쁘스떵Capestang에 이르니, 14시 20분 정도로 하루 일정을 마치기에는 아직 많이 이른 시간이다. 일단 운하변 벤치에서 휴식을 취하면서 숙소 정보 등을 살펴본 결과, 이곳에 예약 가능한 안성맞춤의 호텔 레스토랑 숙소가 확인된다. 때마침 시야에 들어온 마을 중심 높은 곳의 생테티엔 참사회 교회(Collégiale Saint-Étienne, 꼴레지알 생테티엔)가 필자에게 어서 오라고 손짓하는 듯 보이고, 필자 역시 이에 이끌리듯 운하 제방 아래쪽에 있는 마을로 달려 내려가면서 오늘 일정을 때 이르게 접게 된다.

이곳 생테티엔 참사회 교회(Collégiale Saint-Étienne, 꼴레지알 생테티엔)에 대해 보충 설명드리자면, 14세기 중세 건축의 미완성 걸작으로 카롤링거 왕조의 오래된 로마네스크 교회에 지어진 고딕 양식의 교회이다. 따라서 고딕 양식과 로마네스크 양식이 묘한 조화를 이루고 있어 외관이 매력적이고 천장 높이가 27m, 종탑 높이가 45m 나 된다. 이 참사회 교회의 또 다른 특징은 교구 참사회를 위한 교회라서 교회에 신도석이 없다는 사실이다.

이렇게 하루 머물게 된 이곳 어느 호텔 레스토랑의 한 끼 식사가 양과 질에 비해서 가격이 꽤나 저렴하다. 15 유로에 불과한 가격에 에피타이저, 메인 요리, 치즈, 후식까지 나오니 말이다. 각설하고 오늘 구간은 거리에 비해 몇 배로 고생스러웠지만, 그럼에도 불구하고 각별하게 볼거리가 많았던 인상적인 구간이었다고 할 것이다.

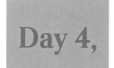

Day 4,

까쁘스떵 Capestang ~ 빠하자 Paraza

대저택에 나 홀로 민박을 하며
귀한 대접을 받게 되니 절로 자존감이 업되는 듯하다

Capestang ~ Paraza

Day 4 34.57km

누적 거리 117.4km

숙소를 나서서 전날 벗어 났던 위치의 미디(Midi) 운하에 이르니 11시 20분이나 되었다. 늘 여행기를 쓰 느라 늦잠을 자다 보니 대체로 하루가 이렇게 늦게 시작된다.

어제 지나온 구간들이 워낙 특별했던 코스라서 그런지 오늘 코스는 상대적으로 많이 밋밋하게 느껴지는 길들이 지속된다. 운하 자전거 길 상태는 어제

와 별반 다르지 않은 오솔길이지만, 이런 환경에 다소 익숙해진 것 같다. 5km, 10km, 15km 지점들을 경과하도록 주말임에도 인적을 찾아볼 수 없고 마을도 만나지 못한다. 이따금 독립 가옥들만이 눈에 띌 뿐 지속적으로 불어대는 바람으로 스산한 느낌만이 지속되고 있다.

Argeliers

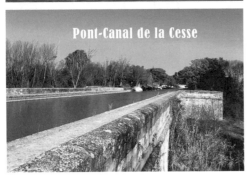
Pont-Canal de la Cesse

다만, 서쪽 저 멀리 시야에 들어오는 눈 덮인 피레네 산맥이 다소 위로가 된다. 직선거리로 줄잡아 200km 전후 정도 되는 거리임에도 비교적 멀지 않게 느껴진다. 아마도 미세먼지에서 자유로운 이곳 환경이 주는 혜택일 것이다.

11km 정도 지점에서 첫 번째 마을 우베얀*Ouveillan*을

만나고 18km 지점에서 아흐젤리에*Argeliers* 마을을 지나지만, 마을 중심에서 많이 벗어난 지점으로 미디(Midi) 운하 수변에 있는 레스토랑이나 숙소 등 관광시설들만 만날 뿐이다.

이후 와이너리들을 품고 있으면서 소나무 조경이 잘되어 있는 운하를 막 지나자 다른 운하와 교차하는 지점(Embranchement du Canal de Jonction et de la Robine, 엉브렁쉬멍 뒤 꺼널 드 종시옹 에 드 라 호빈)을 만난다. 이곳 인근 수로에 호빈(Robine) 항과 세스 갑문(Écluse de Cesse) 등이 있다.

그리고는 멀잖은 21.6km 지점에서 세스(Cesse) 강에 세워진 운하 다리(Pont-Canal de la Cesse) 위로 미디(Midi) 운하가 지나게 된다. 베지에*Beziers*에서 만난 오흐브강 미디(Midi) 운하 다리(Pont-Canal de l'Orb)와 같이 세스(Cesse) 강 위를 미디(Midi) 운하가 교차하여 지나도록 건축되었지만 규모는 비교 안 되게 작다.

이후 대략 24km 거리에서 사실상 오늘 첫 마을 르 소멜Le Somail을 만나게 된다. 크지는 않지만 관광으로 특화된 마을로 보인다. 다양한 숙소와 레스토랑들이 눈에 띄인다. 운하 건너편 숙박 업소 바투 마히엉스(Bateau Mariance)는 덧창에 진청색을 칠했을 뿐인데 제법 감각적인 멋스러움이 느껴진다.

다리 저편 진행 방향으로 소멜 항(Port du Somail)이 나오는데 대여하는 보트들이 정박되어 있고 산책하는 관광객들도 제법 있어 보인다. 역시 멋스러운 곳이라 비수기에도 관광객들의 사랑을 잃지않고 있는 듯하다.

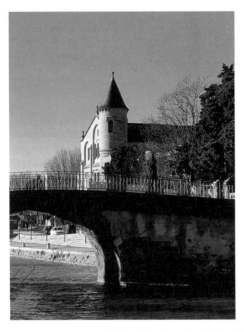

오후 15시 50분경, 29km 거리의 방트낙 엉 미네르부아(Ventenac-en-Minervois) 마을도 지나면서 그곳의 성채(Château de Ventenac-en-Minervois)를 만나게 되는데, 이곳 역시 이 마을의 대표적인 와이너리로, 3 유료 입장료로 시음을 즐길 수 있다고 한다.

그리고는 31km 지점에서 헤푸드흐 운하다리(Répudre Aqueduct, 아퀘덕트)를 지난다. 라 헤푸드흐(La Répudre) 천이 흐르는 협곡에 건축된 다리 위로 미디(Midi) 운하가 지나는 것이었다. 미디(Midi) 운하가 강이나 지천 위로 지나게 되는 세 번째 구조물인 셈이다

드디어 오늘 머물게 될 숙소가 있는 마을 파하자Paraza에 16시 20분경에 다다른다. 숙소는 분명 건너편 미디(Midi) 운하 바로 옆에 있어 접근성

이 좋은 최적의 입지라고 생각하여 예약하였던 것인데, 막상 찾아가려니 막바로 수변 따라 가는 길은 없고 구글 지도로 경로 검색을 한 결과, 파하자Paraza 마을의 구릉마루까지 오른 후에 Paraza 외곽에서 급경사로를 타고 운하가 있는 수변으로 내려가야 찾아갈 수 있는 외딴 독립 가옥 숙소인 것이었다. 내일 다시 역순으로 돌아 나와야 할 일이 미리 걱정스럽지 않을 수 없다.

그곳으로 가는 과정에서 아담한 파하자Paraza 시청(Mairie)을 지나고, 단지를 이루고 있는 성채(Château de Paraza)도 경유하게 되는데, 성채가 와이너리 겸 숙박 업소이나 지금은 휴점 중이고 4월 8일부터 영업을 재개한다고 확인된다. 과거에 귀족의 저택이었을 법한 성채(Château)들이 오늘날에는 이렇듯 대부분 와이너리로 변신을 한 듯 보이고 관광객을 위한 민박

(Chambres d'Hôtes, 성브흐 도뜨)도 겸하고 있는 것 같다.

다행히 체크인한 숙소 주인이 내일 운하 자전거 길까지 가는 손 쉬운 길을 알려준다고 한다. 결과적으로, 구릉마루를 오르내리며 갈 필요가 없게 되어 한시름 덜게 된 것이다. 모처럼 훌륭한 대저택에 필자 혼자 일종의 민박(Chambres d'Hôtes, 성브흐 도뜨)을 하면서 훌륭한 저녁 식사 등 풀코스로 귀하게 대접받게 된 만큼 어떤 대가를 지불해도 아깝지 않을 것 같은 행복감으로 하루 쉼표를 찍게 된다.

특히, 오리 고기(Canard) 스테이크에 곁들인 샐러드가 너무 맛있다고 하니까 후한 인심으로 한 접시 듬뿍 더 만들어 주는가 하면 맛의 비결을 물으니까 직접 만든 특제 소스 때문이라면서 소스에 첨가한 재료들을 꺼내서 하나하나 설명을 아끼지 않는데, 뜻밖에 간장(Soy sauce)까지도 넣었다고 한다. 이처럼 프랑스에서 샐러드에 간장을 넣은 모습은 이후 헤섬(île-de-Ré, 일드헤)의 어느 가정집에 초대받아 갔을 때도 확인된다. 따라서 유럽에서 음식을 만들 때 간장도 드물지 않게 사용하고 있음을 알 수 있다.

Salad Sauce 재료들

Day 5,

(2022. 01. 30.)

빠하자 Paraza ~ 까뻥뒤 Capendu

찾기 어려운 숙소를 구하기 위해
운하길 *Marseillette*에서 제법 벗어난 마을,
*Capendu*에 이른다

Paraza ~ Capendu

Day 5 38.56km

누적 거리 155.96km

별장 같은 숙소에
서 준비해 준 아침 식사 역시 프
랑스 전통 가정식 같다. 제공받
은 아침 식사는 통밀빵에 각종
잼과 카페오레(Café au Lait, 테이
블에 준비된 에스프레소 커피와 따끈
한 우유로 필자가 직접 조제), 그 외
치즈와 살라미 소시지, 하몽, 삶

은 달걀 등으로 입맛보다는 분위기를 즐긴 듯하다. 숙박 비용은 저녁과 아침 식사를 포함하여 70 유로였는데, 현금 결제만 가능하다고 하여 필자의 BNP Paribas 체크카드 결제 계좌에서 호스트 계좌로 모바일 뱅킹 송금 방식으로 계산을 마치게 된다. 모처럼 현지 가정집에서 따뜻한 대접을 받아 충만해진 자존감으로 11시 20분경 자전거 여행을 이어가게 되는데, 바람이 심하게 불어 걱정스럽다는 우려를 전하는 호스트 부부의 배웅을 받으면서이다.

게다가 호스트가 고맙게도 미디(Midi) 운하로 접어드는 지도 상에 없는 비밀스러운 길을 안내해 줘서 비탈길을 힘들게 올라 한참 돌아가야 하는 수고를 덜게 된다.

쉽게 다시 찾아 접어든 미디(Midi) 운하 길은 역시나 강한 바람, 그것도 역풍이 불고 있어 바람을 안고 거슬러 달려야 하기에 꽤나 고생스러운데, 눈 덮인 피레네 산맥 조망이 그나마 위로이다.

인근 마을 루비아*Roubia*의 다

리를 지나며 미디(Midi) 운하 길과 나
란한 포장도로가 있어 모처럼 운하
길을 벗어나 손쉽게
달려 본다. 자동차가
자전거를 지나칠 때
최소한 1.5m 거리 폭
을 벗어나 추월해야
한다는 표지판이 보인
다. 이는 이미 그레노

블Grenoble 생니지에 도로(Route Saint Niziers)에서도 이 표지판을 만난 적
이 있어 새롭지는 않지만, 아무튼 교통 약자를 배려하는 교통 법규가 아
닐 수 없다.

　사실 서유럽의 운전자들 역시 교통 약자를 배려하는 문화가 체질화되어
있다. 행인이 횡단보도가 없는 도로를 무단횡단할 때조차도 멀리서 이를
목격한 차량 운전자들은 다가오던 차량을 원거리에서 잠시 멈추고 행인이
안전하게 길을 건널 때까지 기다린 후 재출발한다. 그런가 하면 회전 로터
리에서는 자전거가 어느 도로에선가 로터리에 진입하는 순간부터 다른 도
로로 로터리를 빠져나갈 때까지 그 사이에 있는 도로에서 로타리에 진입
하려던 차량들은 모두 진입도로 끝에 멈추어 대기하는 것이 자연스러운
모습이기도 하다.

　12시경, 숙소로부터 4.5km 거리에서 아흐정 갑문(Ecluse d'Argens)소를
지나게 되는데, 이곳 갑문소 양방향 수로의 높낮이 차이가 제법 커서 3개
의 갑문이 설치되어 있는 2개의 도크를 통해 이곳을 지나는 선박이 2단
으로 오르거나 내리도록 설계되어 있다.

　5.2km 거리의 항구 아흐정 미네흐부아*Port d'Argens-Minervois*를 지나면서 아흐정 미네흐부아*Argens Minervois* 마을의 인상적인 생 뱅상 천주교 성당(Église Saint-Vincent)을 마주하게 된다. 12시 36분에는 7km 거리 펙로히에 갑문(Écluse de Pechlaurier)을 지나게 되고, 12시 50분경 9.7km 거리의 로눙 갑문(Écluse de l'Ognon)에 이어 12시 59분 인접한 옹스 갑문(Écluse d'Homps)도 지나게 되는데, 갑문 간의 간격이 비교적 짧다. 갑문 간격이 짧다는 것은 크게 인식될 정도는 아닐지라도 자주 지대를 높여 왔음을 의미하는 것같다. 옹스(Homps) 인근에 둘레가 6.2km 거리의 주아흐 호수(Lac de Jouarres, 락 데 주아흐)가 있어서 이곳을 찾는 여행객들이 자전거 하이킹하기 좋은 곳이라고 소개하는 안내판도 눈에 띤다.

　13시 10분경, 12.6km 지점가량인 주아흐 호수(Lac de Jouarres) 인근에서 자전거 여행 중인 중년 남성과 마을 주민을 만나 간단한 인사를 나누게 되는데, 전자는 프랑스 남부 발랑스(Valence)에서 왔다는 에릭(Eric)이고, 후자는 이 지역 주민 이안(Ian)이다. 이후 13시 45분경, 14.3km 거리의 주아흐 갑문(Écluse de Jouarres)을 지나고는 아흐정 두블르(Argent-Double) 운하 다리(Pont-Canal de l'Argent Double)를 앞둔 지점에서 운하 길로 더 이상 진행할 수 없는 상황에 직면하게 된다.

이 구간 미디(Midi) 운하를 정비하기 위하여 바리케이트로 차단되어 있기 때문이다. 새로운 길을 찾아야 하는 상황에서 이안(Ian)의 도움으로 인근 마을 흐도흐트Redorte로 우회하게 되는데, 그곳에 사는 이안(Ian)의 뜻밖의 제안에 따라 에릭(Eric)과 함께 향하게 된 작업장 같은 그의 집에서 커피 한 잔을 대접받게 되고, 떠날 때는 막무가내로 이안(Ian)이 챙겨주는 바나나, 귤, 바케트 빵 등을 받아서 나온다. 아마도 최소한 30분 이상은 머물렀던 것 같은데, 동서양을 막론하고 대체로 순박한 시골 사람일수록 인정이 많은 듯하다.

가까운 미디(Midi) 운하 합류 지점까지 배웅해 주고 이안(Ian)은 돌아갔고, 그곳부터 미디(Midi) 운하 제방 좁은 길에서 강풍을 안고 달리려니 자전거 중심이 흐트러져 달리기 용이치 않다. 그 사이 에릭(Eric)은 큰 바퀴를 성큼성큼 굴려서 이내 시야에서 사라진다.

다시 혼자가 되어 15시 20분경, 21.3km 거리에 카르카손 ~ 베지에 구간 길Chemin de Carcassonne à Béziers이라고 새겨진 오벨리스크를 지나게 되고, 연이어 퓌셰히크 갑문(Écluse de Puichéric) 관리소도 지난다. 퓌셰히크(Puichéric) 갑문 관리소 출입구 위쪽 벽면에는 전후에 있는 갑문까지 거리가 표시되어 있는데, 모든 갑문 관리소 역시 이와 마찬가지이다.

이에 의하면 퓌셰히크 갑문(Écluse de Puichéric)은 직전 갑문인 주아흐 갑문(Écluse de Jouarres)에서 6.5km 거리를 진행해 온 것이고, 다음 갑문인 에귀유 갑문(Écluse de l'Aiguille)까지 5km가량을 더 가야 하는 것이다.

이렇게 16시경, 26km 거리의 에귀유 갑문(Écluse de l'Aiguille)과 16시 20분에는 28km 거리의 생 마흐땅 갑문(Écluse de Saint-Martin)을 지나고, 이어서 16시 34분경에는 29km 거리의 퐁트파일 갑문(Écluse de Fontfile), 17시 05분 32.8km 거리의 마흐세예뜨 갑문(Écluse de Marseillette)을 잇따라 지나게 된다. 그것도 10km 거리 사이에 무려 5개의 갑문, 게다가 모두 2단 도크가 있는 낙차 있는 갑문을

지나 왔다. 그만큼 급격히 지대를 높여왔다는 걸 의미하는 것이다.

시간도 다른 날에 비해서 다소 늦은 편인데, 마흐세예뜨*Marseillette* 마을에는 Booking.com이나 Airbnb로 검색되는 숙박 가능한 숙소가 없고, 혹시나 싶어 Google 지도 검색으로 확인되는 이 동네 숙박 업소들을 찾아 다녀 보는데 역시 영업을 안 하고 있어 심히 당황스럽다. 미디(Midi) 운하 남쪽에

동서로 흐르는 오드(Aude) 강 건너 마을 까뻥뒤*Capendu*까지 내려가 보지만, 찾아간 숙소들 역시 모두 마찬가지라서 낭패가 아닐 수 없다. 마지막 수단인 야영을 선택해야 할 수 밖에 없을 수도 있다. 그나마 다행히 동계용 텐트와 침낭, 매트리스 등 캠핑 용품들은 챙겨서 다니고 있기에 가능할 수 있는 일이다.

혹시나 하는 마음으로 이 동네에 예약가능한 Airbnb 숙소가 있는지 검색하여 보는데 기적처럼 인근에 숙소 딱 하나가 있다. 보통 하루 숙박은 돈도 안 되고 번거롭다는 이유로 호스트가 거절하는 경우가 많은데, 검색한 곳은 다행히 예약 요청하면 자동으로 승인되는 숙소여서 십년감수한 듯 가슴을 쓸어내릴 수 있게 되었다.

일요일이라 영업 중인 마트나 레스토랑도 없어서 챙겨 다니는 옛날 국수와 국수용 고명, 그리고 김치와 깍두기 등으로 저녁 식사를 준비하여 해결하게 되고 부족한 영양은 달걀프라이 2개로 보충하고는 고단했던 하루의 피로를 달랜다.

　　숙소 필자 침실에 쌩뚱맞게 부처님 족자가 걸려 있고, 창문에도 부처님 스티커가 붙어 있어 흥미롭지 않을 수 없다. 유럽에도 불교에 관심을 갖고 있는 분들이 더러 있기도 한데, 중년 여성인 호스트가 바로 그런 부디스트였던 것 같다. 이는 서양인들이 동양 문화에 대한 관심의 일단이 아닌가 싶기도 하다.

　　지난 겨울 레만호(Lac Léman) 호반 작은 마을의 어느 숙박 업소(Au Bonheur du Lac) 현관 앞에서 만났던 불상의 모습과 지난 여름 잘츠부르크의 호헨 잘츠부르크성 (Festung Hohensalzburg) 자락길에 만난 사리탑 등이 이러한 필자의 생각을 뒷받침해 준다 하겠다.

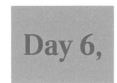

Day 6,

까뺑뒤 Capendu ~ 카르라손 Carcassonne

중세 도시 *Carcassonne*을 만나게 되는 것은
미디 운하 여행이 주는 보너스라고 할 것이다

Capendu ~ Carcassonne
Day 6 30.81km
누적 거리 186.77km

전날 만들어 놓은 멸치 육수로 잔
치국수를 준비해 아침 식사로 대신하고 10시
40분경 숙소를 나서는데, 잔뜩 찌푸린 하늘에
서는 보슬비를 뿌리고 있다.

벗어난 미디(Midi) 운하로 돌아가는 길에 포도
농원(Vignoble, 비뇨블르)을 지나며 포도 가지치
기를 하는 농한기 농부의 모습을 접한다. 가지
치기 이유를 물었더니 묘목을 만들기 위해서라

고 하면서 가지 중간중간에 있는 뿌리가 될 눈을 보여주기까지 한다. 얘기

를 나누다 보니 그들은 불가리아에서 온 이주 노동자들이었다. 프랑스 농 본기에 부족한 일손은 대부분 단기 해외 이주 노동자들의 몫으로, 북아프 리카나 동유럽 출신들이 주로 그 자리를 메우고 있는 것으로 보인다.

이후 오드(Aude) 강을 건너고 마흐세 예뜨*Marseillette* 마을 고개를 넘어서 미 디(Midi) 운하 길에 접어들게 되고, 미디 (Midi) 운하 마흐세예뜨*Marseillette*를 벗어 나기 직전에 와이너리 안내판을 보게 된 다. 시음과 와인, 포도 주스 판매를 하고 B&B 민박도 겸하고 있다고 되어 있다. 하지만 지금 같은 비수기는 운영 안 하고 있는 게 필자같이 때 아닌 여행객들에게 다소 서운하다.

11시 34분, 8km 지점 승마 학교가 있는 다리를 지나게 되 고 얼마 안 가 미예쁘띠*Millepetit* 마을 다리도 지난다. 12시 좀 넘은 시각 12.4km 지점이 되 어서야 첫 갑문 트헤브 믈랑 갑 문(Écluse du Moulin de Trèbes) 을 만난다. 갑문 3개로 2단 도 크를 운영하고 있고, 갑문을 지 나면서 바로 트헤브 항(Port de Trèbes)으로 이어진다.

　12시 25분, 13.7km 거리에서 오흐비엘 강 미디(Midi) 운하용 다리(Pont-Canal de l'Orbiel)를 지나게 되고, 12시 49분, 17.1km 지점에서 빌뒤베흐 갑문(Écluse de Villedubert)을 만난다. 2개의 갑문, 즉 1개 도크로 운영되고 있다. 13시 넘어선 시각, 18.5km 지점에 있는 레베크 갑문(Écluse de l'Évêque)을 다가가며 그 뒤로 걸려있는 진풍경 무지개를 보게 된다. 무지개 색상이 아주 선명하여 더욱 아름답고 상서로운 느낌으로 다가온다.

　13시 30분 넘어선 시각, 22km 지점에서는 프헤스켈 두블르 갑문(Écluse Double de Fresquel)관리소를 만난다. 무려 4개의 갑문으로 3단 도크를 운영하고 있는 표고 차가 제법 되는 곳이라 할 수 있는데, 이곳 갑문에 연이어 프헤스켈(Fresquel) 강에 건설된 운하 다리(Pont-Canal du Fresquel)도 지나게 된다.

　미디(Midi) 운하 여행을 시작한 이래 오흐브(Orb) 강 운하 다리(Pont-Canal de l'Orb), 세스(Cesse) 강

운하 다리(Pont-Canal de la Cesse), 아흐정 두블르(Argent-Double) 운하 다리(Pont-Canal Argent-Double), 오흐비엘(Orbiel) 강 운하 다리(Pont-Canal de l'Orbiel) 등에 이어 5번째로 만나게 된 운하 다리이다.

Écluse
de Saint-Jean

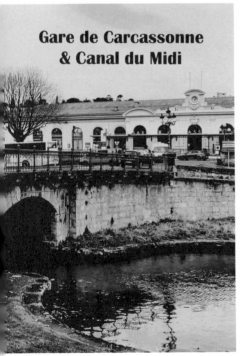

Gare de Carcassonne
& Canal du Midi

13시 46분, 23km 를 좀 넘어선 거리에서 생장 갑문(Écluse de Saint-Jean)을 지나 14시를 좀 넘어선 시각에 드디어 25.7km 거리의 카르카손*Carcassonne*에 입성한다. 예상과 달리 싱겁게 중세 요새가 있는 도시에 이르렀다. 사실 중세 요새 도시라고 해서 높은 산악 지대에 있을 것이라는 지레짐작으로 악을 써가며 올라야 하는 게 아닌지 지레 겁먹고 있었는데, 의외로 손쉽게 다다른 것이다.

입성 직후, 카르카손 갑문(Écluse de Carcassonne)을 만나는데, 1개 도크가 운영되고 있고, 카르카손 역(Gare de Carcassonne) 바로 앞에 있다. 오전엔 부슬비도 뿌리다가 오후 들어선 햇볕이 나며 무지개도 띄웠던 날씨가 언제가부터 햇빛이 나 있는 중에도 비를 날리기도 하더니 카르카손*Carcassonne*에 이르면서 본격적으로 비를 뿌리기 시작한다. 변화무쌍한 날씨가 아닐 수 없다.

비를 피할겸 와이파이가 되는 역 안으로 이동하여 숙소 검색을 통해 역에서 2km가량 떨어진 개인 주택을 예약하게 되는데, 카르카손 중세 도시(Cité de Carcassonne) 바로 앞에 위치한다.

카르카손은 역사적으로 의미 있는 중세 성벽 도시이기에 이곳에서 역사의 향기를 음미하며 한두 박자를 좀 쉬고 가려고 한다. 급할 일이 없는 만큼 여유를 잃을 이유가 없는 것이다.

숙소로 향하며 수퍼마켓에 들러 장도 보고 BNP Paribas은행에 들러 현금도 좀 찾은 후 카르카손 미술관(Musée des Beaux-Arts de Carcassonne) 앞 강베따(Gambetta) 광장 공원에 자리한 오드주 레지스탕스 기념비(Monument de la Résistance Audoise)를 지나게 되고, 그리고는 바로 오드(Aude) 강 다리를 건너면서 카르카손 중세 도시(Cité de Carcassonne)를 마주하며 달려

이내 카르카손 중세 도시 맞은편에 자리한 민박집(Chambres d'Hôtes, 셩브흐 도뜨)에 이른다.

카르카손 성곽을 마주보는 위치의 입지 좋은 숙소는 가성비 마저 훌륭하다. 개인룸에 인터넷 TV가 있어 NETFLIX와 YouTube 시청 모두 가능하다. 지난 가을에 체험한 후 만든 돌로미테 트레킹 동영상도 모처럼 재생해 본다. 방에 냉장고도 있어 음료도 챙겨 놓고 마실 수 있어 고급 호텔이 부럽지 않다.

짐 정리를 대충 하고는 장 봐 온 삼겹살을 오븐으로 조리해 배를 불리고 때 이른 휴식 모드에 젖어들며 하루 일정을 매듭 짓는다.

Day 6-1,

중세 성곽 요새 도시
Cité de Carcassonne 역사의 향기를 탐하다

　　중세 도시 카르카손*Carcassonne*은 3km 길이의 성벽, 이중으로 요새화된 2중 성곽(Double Enclosure), 4개의 성문, 52개의 탑과 망루를 갖추고 있고 이러한 성 안에는 주민의 거주 시설과 상업 시설을 갖추고 있기까지 한 완벽한 성곽 요새 도시이다.

　　카르카손*Carcassonne*의 역사를 논함에 있어 사라센 공주인 카르카의 전

설(La légende de Dame Carcas)을 빼놓을 수 없지만, 이에 대해서는 나중에 순서에 입각해 설명드리도록 하겠다.

중세 요새 도시로 알려진 카르카손*Carcassonne*은 사실 2,500년 된 고대 도시로, 고대 로마 제국이 프랑스 지역에 건설한 도시를 일컫는 Gallo-Roman에서 그 기원을 더듬을 수 있다.

476년 로마 제국 붕괴 이후에는 서고트(Wisigoths) 왕국이 이곳에 정착하면서 1차적으로 성벽을 건설하였는가 하면, 725년에는 이베리아 반도를 휩쓴 이슬람 세력이 이 지역까지 점령하게 된다. 하지만 프랑크 왕국의 재상 샤를 마르텔(Charles Martel)이 이후 유럽 전역을 넘보던 사라센(Saracen)으로 불리는 이슬람 세력을 732년 푸아티에(Poitier) 전투에서 막아내면서 기독교 세계를 지켜 내게 되고, 나아가 프랑크 왕국의 카롤링거 왕조를 열게 된 피핀 3세(Pepin III, 샤를 마르텔의 아들)가 752년 이 요새를 되찾는 과정에서 '카르카 공주의 전설(La légende de Dame Carcas)'이 시작

Cité de Carcassonne

Carcas 공주 석상

되며 카르카손Carcassonne이라는 이름이 생기게 되었다.

프랑크 왕국 군대가 이 성을 함락시키고자 이 요새를 물샐틈없이 포위하고는 고사시키는 작전을 폈을 당시, 결국 요새 안에 남은 식량이라고는 돼지 한 마리와 보리 한 자루가 전부로 성 안의 사라센(Saracen)이 더 이상 버티기 어려운 상황에 처하게 된다.

이런 절체절명의 위기 상황에서 전쟁으로 과부가 된 사라센(Saracen)의 '카르카(Carcas)' 공주가 남은 보리를 돼지에게 전부 먹이고는 요새의 높은 곳에서 적의 진영에 던지게 하는 시사를 발휘한다. 결과적으로 의도한 것처럼 돼지에게 곡식을 먹일 정도로 요새에는 식량이 많이 비축되었다고 오판하게 된 프랑크족 군대가 철수하게 된다. 이에 공주가 승리를 자축하며 도시의 모든 종들을 울리게 하는데, 이 당시 철군하던 프랑크족 군대의 한 병사가 종소리를 들으면서 "Carcas sonne(카르카 공주가 종을 울리는군)!"이라고 외친 데서 이 요새 도시의 이름이 유래했다고 전해진다.

카르카(Carcas, 공주 이름) + 손(sonne, 울리다) = 카르카손Carcassonne

참고로 프랑크 국왕 피핀 3세(PepinIII)의 아들이 서부와 중부 유럽 대부분을 차지하면서 프랑크 왕국을 크게 확장시켜 교황으로부터 서로마 제국 황제 칭호를 받게 되는데, 그가 바로 샤를마뉴(Charlemagne) 대제로, 서유럽과 중부 유럽 대부분 나라의 조상이기도 하다. 독일에서는 Karl der Große, 이탈리아에서는 Carlo Magno라고 불린다.

아무튼, 이렇게해서 불리워지게 된 카르카손은 12세기 전성기에 남프랑크 지역의 맹주 '트렁카벨(Trencavel)' 가문의 통치하에서 성이 체계적으로 증개축되면서 요새 속의 요새라고 불리는 '콩탈성(Château Comtal)'이 그

Chateau Comtal

Cité de Carcassonne 에서 조망한 눈덮힌 피레네 산맥

가문에 의해 지어진다. 또한, 이 시기에 세속화되고 부패한 로마 교황청을 비판하면서, 세속적인 생활을 버리고 금욕 생활을 통하여 구원을 추구하는 '카타리파(Catharisme, 기독교 순수파)'가 카르카손을 중심으로 교세를 넓혀 나가게 된다. 이에 위기를 느낀 교황청은 1208년 카타리파를 이단으로 규정하고 프랑크 왕과 손을 맞잡으면서 신의 이름으로 같은 가톨릭 교도인 카르카손 주민들을 화형에 처하는 등의 학살을 저지르고 만다.

1226년 교황청의 묵인하에 프랑크 왕령으로 병합된 카르카손이 스페인 아라곤 왕국과 국경을 사이에 둔 군사적 요충지로 자리잡으며 현재와 같은 성곽이 모습을 갖추었다고 한다.

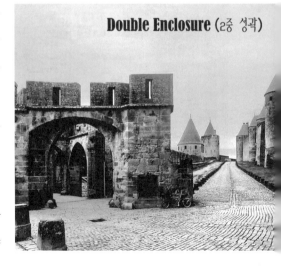

Double Enclosure (2중 성곽)

하지만 1659년 원수처럼 전쟁을 해 오던 스페인과 프랑스 사이에 맺어진 '피레네 평화 조약

(La paix des Pyrenées)'으로 루이 14세가 스페인 공주 마리 테레즈와 결혼하면서 신부가 지참금으로 땅을 갖고 온 덕분에 국경이 피레네 산맥 쪽으로 이동되면서는 카르카손이 지정학적 중요성을 잃게 되었다고 한다.

따라서, 이후 15세기에 오드(Aude) 강 건너편에 건설된 카르카손 생 루이지구(La Bastide St. Louis)로 무게 중심이 옮겨가게 되고는 카르카손 성곽 도시(Cité de Carcassonne, 시테 드 카르카손)는 급속히 쇠락하여 폐허 상태까지 이르게 되었는가 하면, 급기야 19세기에는 도시 자체가 철거될 위기를 맞게 되면서 채석장 역할로 전락하기까지 한다.

그런 가운데 다행히도 프랑스 마지막 왕 루이필립(1830~1848년 재위)의 명에 따라 파리의 노트르담 대성당을 복원한 바이올레-르-뒤크(Viollet-le-Duc)와 그의 후계자 폴 보스윌왈드(Paul Boeswillwald)에 의해 50년 이상(1853~1911년) 동안 복원되며 중세 본래의 모습을 되찾게 되어 오늘날 프랑스에서 가장 사랑받는 관광지 중 하나로 거듭나게 되었던 것이다.

이렇게 온전히 복원된 훌륭한 역사 유적지를 자전거 여행하는 과정에서 자연스럽게 접하며 방문하게 된 것은 미디(Midi) 운하 자전거 여행이 가져다주는 선물이 아닐 수 없다.

미디(Midi) 운하 여행의 보너스 선물 같은 중세 시대로의 시간 여행의 마무리는 동화 속 같은 분위기의 성곽 내 전통 레스토랑(L'Ostal Restaurant Traditionnel)이 제격이다. 평화로운 중세 시대의 모습을 보여주듯이 레스토랑은 컬러풀하고 고풍스러운 장식들로 화려하면서 안온하다. 레스토랑 입구의 입간판이나 남녀 화장실 식별 그림 또한 익살스럽고 정감이 넘치는 만화그림이라 친근하다.

친근한 분위기 못지않게 유명 관광지임을 고려할 때 음식이 너무 착한 가격이고, 음식의 질 또한 훌륭하다.

전채요리(Enrée), 메인요리(Plat) 그리고, 디저트(Dessert) 모두 해서 22유로이다. 요리별 3~4가지 중 하나씩 선택하게 되는데, 필자의 선택은 사계절 샐러드(Salade Quatre Saisons), 장작불로 구운 등심(Entrecôte Grillée au Feu de Bois), 카라멜 크레페(Crêpe Caramel) 등이다.

먹는 것만큼은 다소 보수적이기에 대체로 무난하고 익숙한 음식들을 선택한 결과이다. 음식에 도전적이었다면 필자의 메인요리 선택은 단연 프랑스 남동부 지역의 전통 음식인 카술레(Cassoulet)였을 것이다. 이 음식은 흰 강낭콩, 오리 고기, 거위 고기, 소시지 등을 넣어 만든 스튜로, 카솔(Cassole)이라는 뚝배기 같은 그릇에 담아 먹기 때문에 카술레(Cassoulet)

라고 불린다. 카르카손Carcassonne이 속해있는 프랑스 남동부 지역인 옥시타니(Occitanie) 지방의 전통 음식이기 때문이다.

Day 7, (2022. 02. 02.)

카르카손 Carcassonne ~ 까스뗄노다히 Castelnaudary

갑문 관리소가 무려 17개나 될 정도로
업힐이 많은 구간, 준설과 갑문 주변 정비 등으로
분주하다

Carcassonne ~ Castelnaudary
Day 7 46.53km
누적 거리 233.30km

　　　10시 10분경, 오드 강을 건너 카르카손의 생루이 *Saint Louis*
지구에 접어들어 까르푸(Carrefour)에서 샌드위치 등 점심거리를 사고 아
시아 마트에 들러 쌈장, 라면, 모밀국수 등을 사서는 전날 벗어난 카르카
손 갑문(Écluse de Carcassonne)으로 돌아가니 10시 45분가량이다.

　이후 카르카손을 벗어날 때까지는 운하 수변 자전거 길이 없어 운하 좌우
측 일반 도로를 넘나들어 달려야 했는데, 설상가상 승강기 없이 계단만 있는
육교를 자전거 들고 올라 건너야 하는 곤욕스러운 상황도 경험하게 된다. 이
후 접어든 운하 자전거 길도 풀밭 고랑길이라 제대로 달리기가 쉽지 않다.

　11시 25분경, 9.7km 지점에서야 오늘 첫 갑문 두스(Écluse de la Douce)와 11km 거리에서 에흐미니스 갑문(Écluse d'Herminis)을 지나는데, 모두 도크 하나를 운영하고 있다. 그리고 바로 연이어 지나게 되는 라렁드 갑문(Écluse de Lalande) 관리소는 갑문 3개로 도크 2개를 운영하는 갑문 관리소인데, 이색적이게도 프랑스 국내외 여러 도시 방향 표시가 되어 있다.

　12시 34분, 16.7km 거리의 빌세크 갑문(Écluse de Villesèque)을 지나게 되는데, 역시 도크 1개를 운영하는 갑문 관리소이다. 얼마 안 가서 로마네스크 양식의 운치있는 애메릭 라플라스 빌세크렁드(Aymerik Laplace Villesèquelande) 다리를 지나게 되고는 13시 30분경 21.3km 지점 벤치에서 준설 작업을 샌

드위치로 요기를 하는데, 바로 눈앞 미디(Midi) 운하에서는 준설 작업이 진행되고 있다. 관광 비수기인 겨울에 관광 성수기를 대비하여 운하 깊이를 일정하게 유지하기 위해 퇴적물을 제거하고 있는 것이다.

　13시 53분경에는 24.3km 거리에 있는 도크 1개를 운영하는 베떼유 갑문(Écluse de Béteille)을

지나게 되는데, 그러고 보니 특이하게도 카르카손을 떠난 이후 여기까지 오도록 운하를 품고 있는 항구를 만나 보지 못하고 있다. 한편, 자석으로 된 갈고리를 던져 운하 바닥에서 쇠붙이를 낚시하듯 건져 올리고 있는 젊은이를 보게 되는데, 일인지 취미인지 알 수는 없다.

이어서 26.5km 거리에서 헤벙티 강(La Rébenty) 위를 지나는 짧은 운하다리(Pont-Canal de Rébenty)를 지나게 되고는 드디어 14시 40분경 29.3km 지점을 지나며 오늘 첫 항구인 브함항(Port de Bram)을 만나게 되어 반갑지만, 다른 항처럼 미디(Midi) 운하에서 연결된 별도의 저수지(Bassin, 베상)는 없고, 브함 갑문(Écluse de Bram) 관리소 앞에 상대적으로 폭이 넓은 운하가 항 역할을 하고 있는 것이다.

이후 31.4km 지점 소젠 갑문(Écluse de Sauzens)과 33km 거리 빌팽트

Écluse de Tréboul

갑문(Écluse de Villepinte) 등을 차례로 지나고는 '페니쉬(Péniche) − Black Mountain'이라는 멋진 유람선도 보게 된다. 검색해 보니 유람을 즐기며 숙식도 할 수 있는 관광용 크루즈로, 비수기 178 유로, 성수기 220 유로의 요금이다. 사실 이러한 크루즈는 미디(Midi) 운하 도처에서 관광객을 기다리고 있다.

36km 지점을 지날 무렵 노부부가 똑같은 나무 지팡이를 짚으면서 산책을 하고 있다. 노년에는 같은 길을 함께 걷는 모습만으로도 아름답고 부럽게 느껴진다. 15시 37분경, 37km 지점을 지나면서 트헤불 갑문(Écluse de Tréboul) 관리소를 만난다. 역시 도크 1개를 운영하는 갑문인데, 한창 갑문 주변을 정비하느라 여념이 없다. 프랑스 주요 관광지 중 하나인 미디(Midi) 운하 곳곳에서는 운하 바닥 준설부터 운하 주요 시설이나 운하 자전거 길 등 정비까지 손님 맞이 준비에 한창이다.

Lasbordes 마을

이후 융단을 깔아 놓은 듯 아름다운 시골 들판(Lasbordes, 라스보흐드 마을)을 눈에 담는 사이에 38.3km 지점에서 크히미넬 갑문(Écluse de la Criminelle)을 만나게 되는데, 도크 1개를 운영하는 갑문으로, 이곳 또한 관리 구역 정비에 분주하다. 그리고 불과 500m 지근거리에 있는 페이휘

크 갑문(Écluse de la Peyruque) 도 지나는데, 역시 같은 이유로 분주해 보인다. 이어서 들판과 농가 주택들이 그림같이 아름다운 마을, 생 마르땅 라 렁드*Saint-Martin-Lalande*를 지나

Saint-Martin-Lalande 마을

고는 16시 20분경 42km에서 3단 도크 시설을 갖춘 비비에 갑문(Écluse Du Vivier)을 만나기까지 짧은 구간에서 게르 갑문(Écluse de Guerre), 생 세흐낭 갑문(Écluse de Saint-Sernin), 기예흐망 갑문(Écluse de Guillermin) 등의 갑문을 차례로 지나왔다. 대부분 도크 1개를 운영하는 갑문들이지만, 이곳까지 5km 도 안 되는 구간에서 무려 7개의 갑문을 지나온 셈이다. 그만큼 그 이전 구간에 비해 상대적으로 지형이 급하게 높아지고 있음을 의미한다 하겠다.

Les 4 Écluses de Saint-Roch

43.6km 지점에서 2단 도크 시설

을 갖춘 게이 갑문(Écluse de Gay)을 지나게 되고, 16시 41분, 45.3km 거리에서 오늘의 마지막 갑문이자 3단 도크를 운영하는 생 로크 4 갑문(Les 4 Écluses de Saint-Roch) 관리소를 만나게 된다. 1678년에 건설된 Saint-Roch의 3단 도크 갑문은 베지에*Béziers*의 폰세형 9 갑문(Les 9 Écluses de Fonseranes) 다음으로 아름답고, 이들 갑문을 통해 최대 30미터(98피트) 길이의 보트가 9.42미터(31피트)의 낙차를 오르내릴 수 있다. 운하가 개통된 직후, 낙하로 인해 발생하는 상당한 양의 낙수를 활용하기 위해 오른쪽 제방에 두 개의 물레방아가 건설되었고, 제분소는 19세기에 설립되어 1960년대까지 운영되었다고 한다. 아울러 이곳 갑문 관리소에서 운영하는 숙소는 베지에*Béziers*에서 툴루즈*Toulouse*까지 4일간의 크루즈 여행 중 첫날 저녁에 하룻밤 쉬어 가는 곳이다.

이후, 큰 인공 저수지라 할 수 있는 르 그헝 배쌍 꺄스뗄노다히(Le Grand Bassin de Castelnaudary)를 끼고 달려 꺄스뗄노다히*Castelnaudary* 마을에 있

는 숙소에 체크인하며 하루 일정을 마감하는데, 숙소가 혼자 쓰기에는 너무 넓고 럭셔리하다. 여행 다니다 보면 큰 도시일수록 다양한 형태의 숙소들이 있어 값싼 숙소를 구할 수 있는 반면에 규모가 작은 도시일수록 숙소가 제한적이어서 가격이 비싼 편이다.

다만, 대체로 가격 대비 시설은 상당히 좋은 편이다. 오늘 이곳에서 택한 숙소 또한 마찬가지로 1박 55유로에 불과하지만 넓고 안락한 더블베드룸과 편리성이 좋은 거실과 주방 등을 갖춘 아파트 독채를 사용한다.

이처럼 혼자 있기에 너무 넓고 쾌적한 환경일 경우 대체로 잊혀졌던 외로움에 젖어들게도 되지만, 그러할 틈도 없이 WiFi 비밀번호 확인을 해야 한다. 메신저로 주인에게 물어보기 전에 아파트 관리인을 찾아가

본다. 관리인 역시 자신도 모른다며 혹시 모르니 가보라고 통신실 위치를 알려준다. 결국, 찾아간 통신실에서 해당 모뎀을 찾아서야 WiFi 비번을 확인하게 되는데, 모뎀 전면에 작동 중인 LAN선 명칭과 WiFi 비밀번호(Clé)를 디지털 불빛체로 알려주고 있었다.

비밀번호가 너무 긴 대신에 옆에 QR 코드가 있어 이를 이용해 손쉽게

연결한다.

우리나라의 경우 WiFi 비밀번호가 WiFi 공유기에 스티커로 붙어 있는 게 일반적이지만, 프랑스의 경우는 이처럼 모뎀에서 비번을 확인할 수 있음을 알아둘 필요가 있을 것이다. 요즘 날로 확산되는 공유 숙박업을 통해 외국의 집을 셀프 체크인하여 사용하는 경우가 점차 늘어나고 있으니 말이다.

미디 운하 분수령 정점
*Seuil de Naurouze*를 경유하다

Castelnaudary ~ Gardouch
Day 8 31.59km
누적 거리 264.89km

    툴루즈*Toulouse*까지는 60~70km 정도 남았다. 무리를 피해 하루 끊어서 갈 생각이다. 따라서 여유를 가질 수 있을 것 같아 11시를 한참 넘은 시각에 여행을 재개한다. 다시 대규모 인공 저수지인 르 그헝 배쌍 드 꺄스뗄노다히(Le Grand Bassin de Castelnaudary)로, 나와 마주하게 되는 저수지 반대편에 자리한 꺄스뗄노다히*Castelnaudary*는 역시 고색

Île de la Cybèle

창연한 마을로, 미디(Midi) 운하에서는 베지에*Béziers* 못지않게 비중 있는 핵심 마을로 느껴진다.

운하에 안정적으로 물을 공급해주는 저수지를 품고 있고 1681년 미디(Midi) 운하 개통식이 열렸던 곳이기 때문이다.

르 그헝 배쌍(Le Grand Bassin)의 미디(Midi) 운하에 놓인 다리인 뽕생호크(Pont Saint Roch)를 지나 자전거 여행 경로에 들어서니 진행 방향으로 르 그헝 배쌍 마리나(Le Grand Bassin Marina) 항을 만나고는 저수지를 벗어나 운하에 접어드니 또 다른 꺄스뗼노다히 항구(Port de Castelnaudary)를 만나게 되는데, 저수지를 벗어나기 직전 작은 섬 앞 수로에는 불에 전소된 보트가 흉물스럽게 있다. 프랑스에도 우리나라 같은 대보름 쥐불놀이가 있다는데, 때론 부랑아들에 의해 불놀이가 변질되어 차량이나 보트에 불을 지르는 방화 양상을 띄기도 한다고 한다.

알고 보니 작은 섬은 시벨르 섬(Île de la Cybèle)이고 인공섬이다. 역사적으로 르 그헝 배쌍(Le Grand Bassin)은 말과 사람을 물속으로 날려 보낼 정도로 살인적인 강풍이 부는 곳이라고 한다. 따라서 이런 강풍으로부터 꺄스뗼노다히(Castelnaudary) 항구의 선박을 보호하기 위하여 르 그헝 배쌍(Le Grand Bassin) 서쪽 측면에 방파제 역할을 하도록 1754년 인공섬을 만들고 고대 소아시아 땅의 여신의 이름을 붙여 시벨르 섬(Île de la Cybèle)이 되었다고 한다.

꺄스뗄노다히*Castelnaudary*를 벗어나 한결같은 모습의 운하 길을 달린다. 언제 분수령을 넘어서 대서양 방향으로 내려가는 갑문을 만날 수 있을까 기대를 모아보지만, 여전히 올라가는 갑문이 지속되며 프렁크 갑문(Écluse de la Planque)을 만난다. 1개의 도크를 운영하고 있고 갑문 관리소를 '라 본느 프렁크(La bonne Planque)'라는 이름의 민박 숙소 셩브흐 도뜨(Chambres d'Hôtes)로 운영하고 있다. 스페인 경우 소도시 역사(驛舍)를 알베르게 (Albergue) 숙소로 활용하기도 하는데 이와 비교된다 하겠다.

갑문의 관리는 아마도 개인이 위탁받아 관리하고 있는 듯 보이는데, 관리사무소 격인 관리인 집에는 가족들이 함께 거주하며 상황에 따라서는 부인이나 자녀들까지도 갑문 관리일을 돕는다고 한다. 아무튼, 개인 가정집과 다를 바 없는 관리사무소는 프렁크(Planque) 갑문 관리소의 경우처럼 민박집으로 운영하거나 카페로 운영하는 모습을 종종 보게 된다.

한편 내리막을 기대하는 갑문이 거의 툴루즈*Toulouse* 가까이까지 계속 업힐(Uphill)로 지속되지 않을까 싶기도 하다. 설령 업힐(Uphill)로 계속된다

Pierre-Paul Riquet

해도 걱정스럽지는 않다. 경사가 심하지 않고 어제 브함*Bram* 갑문을 지난 이후에는 비포장도로라도 길이 비교적 넓고 바닥이 단단해서 달리기 무리 없기 때문이다. 전날 카르카손*Carcassonne*부터 브함*Bram*까지는 항구가 없고 사람 발길이 드물어서인지 자전거가 달려야 할 길은 풀밭에 나 있는 좁은 도랑 같은 길이어서 때로는 자전거를 끌고 가야 할 정도로 달리기 부적합했다.

아무튼, 무리 없는 길로 프렁크 갑문(Écluse de la Planque) 이후 도메흐그 갑문(Écluse de la Domergue), 로항스 갑문(Écluse de Laurens), 로크 갑문(Écluse de Loc) 등을 잇따라 지나는데, 앞의 둘은 도크 1개, 뒤의 둘은 2단 도크를 운영하는 갑문들이다. 이들 네 갑문 거리는 합하여 3.5km 정도의 근거리이고, 도중에 운하 자전거 길을 포클레인과 롤러 차량으로 길을 포장하기 위한 공사를 하고 있는 모습을 볼 수 있었던 만큼, 앞으로 이 구간이 포장된 자전거 도로로 거듭날 것으로 기대된다.

이제 10km 남짓 거리 지중해 갑문(Écluse de Méditerranée, 에크뤼제 드 메디터하네)에 이르렀는데 이미 13시 35분이고, 14시 좀 넘어서는 13km 남짓 거리의 세갈라 항(Port du Ségala)을 지난다. 14시 20분 좀 넘어서 15km 거리의 미디(Midi) 운하의 정점인 나후즈 분수령(Seuil de Naurouze, 소이 드 나후즈)을 지날 즈음 그곳에 미디(Midi) 운하의 설계자 삐에흐 폴 히

케(Pierre-Paul Riquet)의 머리 동상이 있는데, 마치 태양을 연상케하는 조형물이라 루이 14세로 착각케 한다. 그는 미디(Midi) 운하에 물 공급 문제를 해결한 미디(Midi) 운하 건설의 1등 공신으로 이미 베지에*Béziers*의 장 조헤스(Jean Jaurès) 광장에서 동상으로 만나본 적이 있는 인물이다.

그는 몽타뉴 누아르(Montagne Noire) 산맥의 기슭에 있는 르벨(Revel) 마을에 생 페헤올 인공 저수지(Le Bassin, 르 배쌍 de Saint Ferréol)를 만들어서는 이곳 나후즈 분수령(Seuil de Naurouze)으로 물을 흐르게 하여 미디(Midi) 운하에 절대적으로 필요한 용수 문제를 해결했던 것이다. 역사적인 장소에서 샌드위치로 점심을 대신하면서도 근대 위대한 과학 기술이 이룬 뛰어난 위업에 경의를 표하지 않을 수 없다.

이후 근거리에 있는 로세엉 갑문(Écluse de l'Océan)에 이른다. 이곳에도 폰세헝 9 갑문(Les 9 Écluses de Fonseranes)처럼 토마스 제퍼슨(Thomas

Montferrand

Jefferson)이 방문한 흔적이 남겨져 있는데, 바로 이곳부터가 소이 드 나후즈(Seuil de Naurouze)를 정점으로 툴루즈*Toulouse*로 흐름이 시작되는 첫 번째 갑문으로, 도크 1개가 운영되고 있다. 다시 말해 대서양으로 흐르는 첫 갑문인 것이다. 그러고 보니 이 전 갑문 지중해 갑문(Écluse de Méditerranée)은 지중해로 흐르는 첫 번째 갑문이었던 것이다.

미디(Midi) 운하의 분수령인 소이 드 나후즈(Seuil de Naurouze)부터는 완만하게 내려 달린다. 오른편 저 멀리 구릉지 산간 마을 몽페헝*Montferrand*이 시야에 들어온다. 초록과 갈색 농경지를 지나 구릉마루 가까이에 자리 잡은 고즈넉한 시골 마을 모습이다. 왼편으로 가까이는 미디(Midi) 운하와 나란히 고속도로가 지나고 있다. 지중해 나르본*Narbonne*에서 툴루즈*Toulouse*를 연결하는 A61 고속도로이다. 툴루즈*Toulouse* 분기점에서는 A62번 고속도로를 통해 보르도*Bordeaux*까지 연결된다.

Aire de Port-Lauragais

15시 남짓, 17km를 넘어선 지점에서 로하게 항구 유원지(Aire de Port-Lauragais, 에르 드 뽀흐 로하게)를 지나는데 바람이 고요히 잠들어 운하가 마치 거울처럼 운하 주변 풍경을 고스란히 담아내고 있고, 미디(Midi) 운하 수변 길은 지금까지 본 적이 없는 매끄럽게 닦여진 포장도로이다. 미디(Midi) 운하 분수령 소이 드 나후즈(Seuil de Naurouze)부터 툴루즈*Toulouse*까지는 최고로 각광받는 자전거 하이킹 코스 중 하나가 아닐까 싶다. 단숨에 툴루즈까지 달려갈 수 있을 듯 보였던 포장도로가 웬걸, 아비뇨네-로하게(Avignonet-Lauragais)를 지날 무렵 공사로 길이 폐쇄되어 있어 2km 거리를 되돌아가 운하 건너편 자전거길이 아닌 풀밭 길로 힘겹게 진행하게 된다.

16시가 임박한 시간, 대략 23km 거리의 엉보헐 갑문(Écluse d'Emborrel)을 지나게 되는데 도크 1개가 운영되는 갑문이다. 연이어 인근 2단 도크로 운영되는 엉까썽 갑문(Écluse d' Encassan)도 거치게 되고, 16시 20분경 27km가량 거리의 도크 1개를 운영하는 헨느빌르 갑문(Écluse de Renneville)을 지나게 되는데, 그곳 항에는 바지선 크루즈 레스토랑(Péniche SURCOUF - Les Croisières en Douce, 레 크후와지에 헝 두스)이 정박해있다. 참고를 위해 검색해 보니 5, 7월 2인 기준 135유로, 6, 8, 9월 145유로라고 되어 있다.

역시 매끄러운 자전거 도로가 툴루즈 *Toulouse*로부터 자전거 라이더를 끌어들이는 듯한 무리의 자전거 라이더들에 이어 장년 커플이 경쾌하게 지나쳐 간다. 16시 50분이 되어 가는 시간, 29.5km 지점 에흐천 운하 다리 (Pont-Canal de l'Her)를 지나는데, 1688~1690년에 건설되었다고 한다.

그리고는 17시를 막 넘어선 시각, 크루즈 용선들이 정박되어 있는 힝구를 지나며 오늘 종착지 도크 1개를 운영하는 가흐두쉬 갑문(Écluse de Gardouch)에 이르게 된다. 점심 먹으며 쉴 때 예약한 숙소가 갑문 바로 건너편에 있는 것이다. 미디(Midi) 운하 자전거 여행객에게는 최고의 입지가 아닐 수 없다.

전날 숙소보다 가격은 다소 비싸고 시설은 많이 뒤쳐지지만 숙소 구하기 만만치 않은 외딴 곳에서 최적의 입지를 갖춘 숙소라는 점에서 만족스럽다. 숙소에서 2km가량 떨어진 곳에 위치한 대형마트(Hyper U et Drive)에서 구입해온 식재료를 이용하여 삼겹살 구이로 영양을 보충하면서 하루 일정을 정리하는데, 비교적 널널하게 진행해 왔지만 그럼에도 미디(Midi) 운하 종착지 툴루즈 입성이 드디어 하루 앞으로 다가왔다.

Port de Gardouch

Day 9,

드디어 프랑스 종단 자전거여행의 분기점, *Toulouse*에 이르다

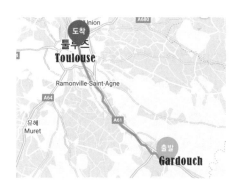

Gardouch ~ Toulouse
Day 9 36.5km
누적 거리 301.39km

전날 지나온 소이 드 나후즈*Seuil de Naurouze*가 미디(Midi) 운하의 분수령이었다면, 오늘 도착하게 될 툴루즈*Toulouse*는 미디(Midi) 운하 자전거 여행의 종착지이자 프랑스 종단 자전거 여행을 위한 분기점이라 할 것이다. 즉, 지중해와 대서양 양방향으로 향하는 미디(Midi) 운하와 가혼 운하 (Canal du Garonne)의 기점이라 할 수

있기 때문이다.

미디(Midi) 운하 종주 마지막 날 거리도 많이 남지 않고 길도 좋은 듯하여 12시를 넘은 시각에 서두르지 않고 느긋하게 출발한다. 숙소도 가흐두쉬 갑문(Écluse de Gardouch) 바로 옆이어서 접속 구간 없이 여정을 막바로 진행하게 된다.

가뿐하게 라발 갑문(Écluse De Laval)과 네그하 갑문(Écluse de Négra)들을 지나왔지만 12시 40분이 채 안 되었다. 네그하 갑문(Écluse de Négra) 전후로 실개천을 지나는 짧은 운하 다리와 17세기 말 붉은 벽돌의 아치형 다리, 뽕 덩 세흐니(Pont d'En Serny)도 지나왔다.

운하 좌우 측 멀리 구릉마루에는 마을들이 때때로 얼굴을 내밀고 있고, 운하 좌우 가로수길에는 오크나무와 플라타너스 나무들이 줄지어 있는 모습들 모두 기시감(Déjà vu)을 주기에 충분할 정도로 익숙한 풍경이다. 13시 30분 가까워 오는 시각에 10km 남짓 된 지점에서 성글리에 갑문(Écluse du Sanglier, 수퇘지)을 지나고 잇따라 에규비브 갑문(Écluse d'Ayguesvives)도 지나게 되는데 모두 2단 도크를 운영하고 있고, 에규비브(Ayguesvives) 갑문을 지나는 자전거 길가 육교 입구에 세워져 있는 자전거 도로 이정표가 눈길을 끈다.

운치 있는 노스트흐 세이뉴 운하 다리

(Aqeduc de Nostre Seigne)와 2개 도크를 운영하는 몽지스카 갑문(Écluse de Montgiscard)을 경유할 때가 14시 10분이 거의 돼가는 시각이고, 대략 14.5Km 거리이다.

그리고 얼마 안 가 리프트 크레인을 실은 바지선을 만나게 되는데, 나름 진풍경

이다. 바지선 크레인 위에서는 가로수들을 손질하고 있고 아래 바지선에서는 잘라낸 나뭇가지들을 파쇄기로 분쇄하고 있다. 몇 년 전 스페인 그라나다에서 가로수 정비할 때 본 광경이지만, 수상에서 이루어지고 있기에 새로워 보인다.

그리고는 앞에서 이미 만났던 뽕 뎅

세흐니(Pont d'En Serny)와 비슷한 모습인 붉은 벽돌로 쌓은 아치형 다리 뽕 드 뎀므(Pont de Deyme)를 지나 도크 1개를 운영하는 빅 갑문(Écluse de Vic)을 지나게 되는데, 15시가 거의 돼 가는 시각이고, 대략 22km 거리이다.

이후 캐스타네 갑문(Écluse de Castanet)을 지나면서 툴루즈*Toulouse* 광역권에 들어서게 되고는 크루즈 유람선들이 끝없이 줄지어 정박되어 있는 풍경들을 만나게 되는데, 운하 도시의 진면목을 보는 듯 거의 빈 간격 없이 줄지어 있다. 그 중에는 겨울잠에서 깨어나 기지개를 켜듯 고압 분무기로 갑판 위의 묵은 때를 씻어내는 광경도 보게 된다.

드디어 16시가 거의 다된 시각에 툴루즈 마리나 남항(Port de plaisance de Port Sud)에 이르게 되는데 대략 27km 지점이다. 그리고는 카약 대여 서비스 하는 오필델로(OphildelO) 항만 육교 다리를 건너야 하는데 엘리베

이터가 없는 대신에 원통 나선형 오르막을 통해 다리에 진입하게 된다.

16시 40분경, 툴루즈 시내에 임박하여 산티아고 순례길 표시를 접하게 되면서 괜시리 반가워지는 순간 선박을 수리하는 정비소라고 할 수 있는 건선거(乾船渠, Dry Dock)도 지나게 되고는 15시경 툴루즈*Toulouse* 중심부에 다다른다.

미디(Midi) 운하 종점 터미널(Terminal)인 바야흐 갑문(Écluse de Bayard) 직전 장 조레스 거리(Allée Jean Jaurès)에서 동상으로 만나게 되는 자가 있으니, 바로 피에흐 폴 히케(Pierre-Paul Riquet) 미디(Midi) 운하 설계자이다. 그를 8단 도크가 있는 미디(Midi) 운하의 성지 베지에*Béziers*와 지중해와 대서양의 분수령인 소이 드 노후즈(Seuil de Naurouze)에 이어 세 번째로 피에흐 폴 히케(Pierre-Paul Riquet)를 만나게 되니 우연을 가장한 필연은 아닌가 모르겠다. 매번 그의 동상은 실제 미디(Midi) 운하 길에서 다소 또는 멀리 벗어난 지점에 있었기 때문이다.

피에흐 폴 히케(Pierre-Paul Riquet)를 만난 직후 바로 코 앞 툴루즈 마타뷰 역(Gare de Toulouse Matabiau) 역전에 도착하게 되는데, 그곳이 미디(Midi) 운하 터미널 바야흐(Écluse de Bayard)가 있는 곳이다. 이렇게 해서 미디(Midi) 운하 종주라는 소단원의 막을 내리게 된다. 보르도*Bordeaux*까지 이르러 가혼(Garonne) 운하도 마쳐야 지중해에서 대서양에 이르는 프랑스 종단 자전거 여행의 대단원을 마치게 되는 것이다.

미디(Midi) 운하는 17세기 짐이 곧 국가라며 절대왕권을 움켜쥐었던 태양 왕 루이 XIV세의 강력한 리더쉽으로 건설되었지만, 역사를 거슬러보면 고대 로마 제국 시대 황제나 총독들로부터 샤를마뉴 대제, 프랑수아 1세, 앙리 4세 등 여러 군주들이 검토하고 염원해 왔던 사업이었다고 한다. 해상을 통해 우회하는 원거리 항해 이외에도 필연적으로 통과해야 하는 지브롤터(Gibraltar) 해협에서 암약하는 해적 떼들의 약탈 위험을 피해야 했기에 절실했던 인공 운하가 바로 미디(Midi) 운하였던 것이다.

이런 역사적 배경을 담고 있는 인공 운하를 달리며 역사를 반추해 보는 경험은 인식의 지평을 확장해 줄 것이 분명할 것이다. 삶이란 원래 별거인 듯 별거 아닐 수 있고, 별거 아닌 듯 별거일 수도 있는 것 같다.

Gare de Toulouse Matabiau

Day 9-1,

(2022. 02. 06.)

자전거 여행 중 잠시 스키를 즐기러 찾아간 피레네 산맥 *Andorra,* 알고 보니 그곳은 쇼핑 천국이다

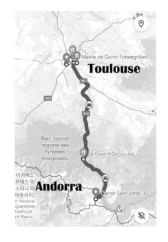

툴루즈*Toulouse* 입성하고 전날은 에어비앤비 숙소에 머물며 음식을 해먹고 세탁이나 하는 등 하루 종일 재충전에 충실했다. 오늘은 보르도로 향하기 전 자전거 여행을 며칠간 보류하고 잠시 스키 여행을 위해 안도라를 다녀오려 한다.

안도라 가는 대중교통이 필자가 즐겨 이용해온 플릭스버스(Flixbus)나 기차로 검색이 안 된다. Omio 앱으로도 마찬가지다. 따라서 구글 검색을 해보니 다행히 이 지역 로컬 버스인 Andbus(https://www.andorrabybus.com/en/time-and-

rates#modal-route-toulouse-andorra) 가 확인된다. 편도 36 유로 왕복 64
유로이다.

또 다른 방법도 확인된다. 개인 카풀 차량을 연결해주는 Blablacar 앱을
통해서 가능하다. 요금도 안도라 고속버스에 비해 비교가 안 될 정도로 저
렴하다. 툴루즈 광역시에 해당하는 발마 그하몽*Balma Gramont*에서 출발하는
승용차 Renault ScenicⅡ를 예약했는데 불과 11유로에 불과하다. 9시 30분
에 출발하는 카풀 승용차를 타기 위해 발마 그하몽*Balma Gramont*으로 가고
있는데, 아뿔싸 가는 도중 카풀 서비스를 제공하는 기사로부터 취소 문자
가 들어온다.

발마 그하몽*Balma Gramont*으로 가기 위해 타고 있던 A 노선 메트로에
서 Blablacar 카풀 서비스를 새로 검색하여 12시에 깡 퐁세그히브*Quint-
Fonsegrives*에서 출발하는 승용차를 다시 예약하게 되고, 그곳으로 가기
위해 발마 그하몽*Balma Gramont*에서 내려서 84번 시내버스를 타서 깡 퐁
세그히브*Quint-Fonsegrives*에 이른다. 이번 카풀 차량은 Daewoo Kalos로,
가격은 8.50유로에 불과하다.

다만, 짐이 많아서 차량에 실을 수 있을지 다소 우려스럽기는 하다. 발
마 그하몽*Balma Gramont*에서 출발하는 이미 취소된 차량의 경우 짐이 많은
데 괜찮겠느냐고 문자로 물어본 것이 취

소 사유가 된 것이 아닐까 싶기도 해서
12시에 출발하는 차량에게는 사전에 물
어보는 것도 조심스러워 못하고 있기 때
문이다. 차라리 승차 인원을 2명으로 신
청할 걸 그랬나 싶기도 하다.

참고로 툴루즈*Toulouse*에는 메트로 2

개 노선이 운영되고 있고, 요금은 1.7유로이고, 엘리베이터 시설들을 갖추고 있어서 자전거 동반하여 전철 탑승까지 전혀 이동에 전혀 무리가 없으며, 승객도 많지 않아 뭐라고 시비를 거는 사람도 없어서 자전거에 짐들을 셋팅한 그대로 승하차를 할 수 있어서 큰 번거로움을 덜 수 있었다.

깡 퐁세그히브*Quint-Fonsegrives* 가는 버스 경우 환승이 가능해서 별도의 요금을 내지 않아도 되었고, 탑승을 위해 짐을 해체하여 자전거를 접어야 했지만 여성 버스 기사가 친절하고 협조적이어서 필자가 행선지를 미리 말해 주었더니 내려야 할 정류장을 한 정류장을 남겨 놓고 내릴 준비하라고 알려준다. 기사가 건네는 따뜻한 인사에 필자 역시 미소로 화답하며 버스에서 내린다. 아무쪼록 카풀에 문제가 없기를 기도하는 일만 남았다.

제기랄! 그런데 이게 무슨 일이람! 두 번째 차량도 차에 문제가 생겼다며 취소 문자를 보내왔다. 설상가상 대안으로 급히 검색해 본 당일 안도라 가는 고속버스도 아뿔싸 매진되어 더 이상 좌석이 없다. 상황이 이쯤 되면 낭패가 아닐 수 없다. 그럼에도 필자는 이 정도로 냉정을 잃지는 않는다. 여행하면서 이런 정도의 일은 그저 사소한 해프닝일 뿐으로 다소 당혹스럽기는 하지만 이런 정도의 일로 스트레스 받는다면 필자처럼 여행을 오래 하기 어렵다. 그냥 푸념하는 정도로 털어버리고 냉정을 되찾는다.

다시 Blablacar 검색을 해 보니 다행히 16시 30분에 발마 그하몽*Balma Gramont*에서 출발하는 새로운 카풀서비스 공여 차량이 올라와 있다. 다시 발마 그하몽*Balma Gramont*으
로 돌아가는 버스를 탑승하게
되는데, 이곳으로 나올 때 태워
주었던 동일한 여성 기사분이
운전하는 버스이다. 아무튼, 반
갑게 맞아주고 내릴 때도 좋은
하루 되라고 인사를 건네준다.

　오늘 중 'Pas de la Casa'라는 안도라의 피레네 산맥 도시를 가게 된다면
내일은 피레네 산맥의 설원을 스키로 누비게 될 것이다. 검색해 놓은 그곳
스키 마을에 있는 숙소는 불확실성이 해소되지 않아 아직 예약을 못하고
있었는데, 결국은 삼세 번만에 카풀 차량을 탑승하게 되면서 비로소 안도
라 스키 마을 파스 데 라 카사*Pas de la Casa*의 숙소를 예약해 놓게 된다.

　카풀을 공여해 준 차량 운전사 얘기
가 안도라에 술과 담배, 가솔린 등을 사
러 가는 길에 카풀을 하는 것이라고 한
다. 안도라는 거의 면세국에 가깝기 때문
에 프랑스에서 10유로 하는 담배가 3유
로에 불과하는 등 거의 모든 상품들이 파
격적으로 저렴하여 '유럽의 쇼핑 센터'로
통한디고 한다. 그런 만큼 인근 유럽국가
프랑스나 스페인에서 쇼핑을 위해 안도라
를 찾는다고 한다. 대략 2시간만인 18시 30분가량에 도착한 안도라의 파
스 데 라 카사*Pas de la Casa*는 일요일 저녁임에도 다른 유럽국과 달리 대부
분 상점들이 성업 중이다.

한때, 설원에서 스키나 스노우보드를 타며 스피드 스릴을 즐겨 왔지만, 이번 만큼은 설렘 못지않게 두려움이 다소 앞선다. 오른쪽 쇄골 골절 수술 이후 13개월가량 지났지만, 한국에 가면 재수술을 받아야 하는 게 아닌가 싶을 정도로 여전히 정상적이지 못하기 때문이다. 내일 안전한 스키를 위해 오늘은 일찍 잠을 청하려 한다.

지중해에서 대서양까지 프랑스 종단 자전거여행

Day 9-2,

(2022. 02. 07.)

피레네 산맥
Grandvalira 일대 *Ski* 트레킹

　　피레네 산맥에 와서야 유럽에서 첫 스키 경험을 하게 된다. 1
년여 유럽에 체류하면서 몽블랑*Mont-Blanc*과 융프라우*Jungfrau*, 그리고 마
터호른*Matterhorn* 일대 마이너급 등 알프스 여러 산들을 적잖게 경험해 봤
지만, 코로나로 스키장 운영이 전면 금지되거나 또는 스키 시즌이 아니거
나 기타 이런저런 사정으로 스키를 경험할 기회가 없었다.

　　사실 지중해 대서양 내륙 종단 자전거 여행을 하면서도 안도라 스키 여
행 계획이 있던 것은 아니었다. 하지만 지중해에서 툴루즈까지 자전거 여
행 중 눈 덮인 피레네 산맥의 끊임없는 유혹의 손짓에 결국 마음이 동하
여 기꺼이 안도라를 찾아오게 된 것이다. 안도라에 와서야 알게 되었지만,
안도라에는 크게 두 지역의 스키 리조트가 있다. 프랑스와 국경을 이루는

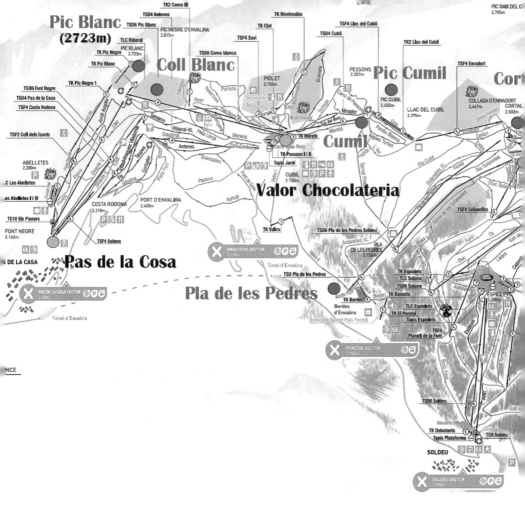

동쪽의 그랜드바릴라*Grandvalira*와 수도인 안도라 라 베야*Andorra la Vella* 서

북쪽에 있는 발노르드*Vallnord*이다.

　필자가 찾게 된 곳은 그랜드바릴라*Grandvalira* 지역의 파스 데 라 카사*Pas*

de la Casa 리조트 마을인데, 그 지역에는 파스 데 라 카사*Pas de la Casa* 이외

에도 그라우 로이그*Grau Roig*, 솔데우*Soldeu*, 엘 타터*El Tarter*, 까니요*Canillo*,

엔 캄프*En Camp* 리조트 마을이 있고 이 중 필자가 머무는 파스 데 라 카

사*Pas de la Casa*가 가장 크고 대표적인 스키 리조트 마을이다.

　이곳 스키장 하루 이용료는 8시 30분부터 17시까지 하루 55유로이다.

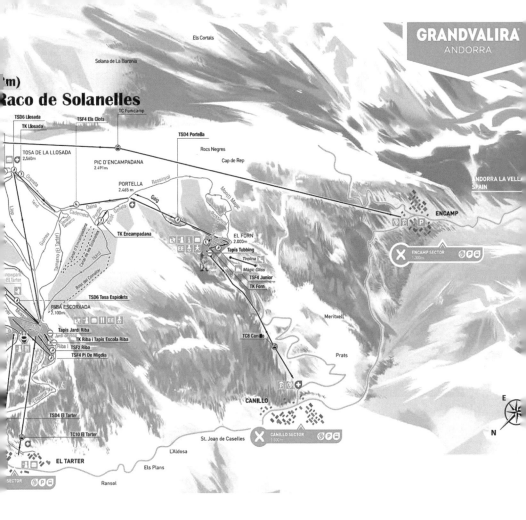

숙소를 통하면 45유로까지 가능하다고 숙소 스텝에게 안내를 받았지만, 필요할 때 숙소 리셉션에 해당 스텝이 없어 할 수 없이 제 가격을 다 주고 하루 리프트권을 구입하며 선택 사항인 의료 보험도 가입하여 보험료 6.5 유로를 포함하여 61.5유로를 지불하게 된다. 스키 렌탈은 하루 렌탈비가 25유로이지만, 숙소 소개로 찾아간 렌탈 Shop에서 20%가량 DC를 받아 20.5유로에 대여받는다. 이렇듯 리프트 이용료나 스키 렌탈 비용이 스위스나 프랑스에 비하여 엄청 저렴한 편이라 유럽 멀잖은 나라에서 많이 찾아오는 것으로 보인다.

하루 종일 리프트권을 구입했지만, 사실 이때까지만 해도 스키장 슬로프에 대한 정보가 전무하다 보니 어느 리프트를 타고 어느 슬로프를 올라야 할지는 알지 못한다. 따라서, 여러 리프트 대신에 유일하게 하나 있는 곤돌라를 탑승하게 된다. 우리나라 스키장 경우는 일반적으로 곤돌라가 가장 높은 곳으로 올라가기 때문이다. 하지만 왠걸, 막상 타보니 이곳은 그와 반대로 곤돌라가 초보자용이다. 아마 스키를 착용한 채 리프트를 타고 내리는게 익숙치 않은 초보자들을 위한 고려 같다. 2017년이 스키장을 찾았던 마지막 해인데 2005년 부터는 이따금 스키장을 가게 돼도 스노우보드만 탔었기 때문에 스키를 타 본 지는 최소 18년 이상 된 듯하다. 아나나 다를까 뜻하지 않게 초보자를 위한 밋밋한 슬로프를 타려니 옛날 스키 타던 감각이 전혀 되살아나지 않는다.

다음에는 리프트를 이용하여 해발 2,528m 콜블랑*Coll Blanc* 스테이션으로 오른다. 반대편 골짜기 다른 스키 마을로 내려가는 코스도 보이고 더 위쪽에서 내려오는 슬로프도 있다. 필자는 올라온 파스 데 라 카사*Pas de la Casa*로 내려가기로 방향을 잡는다. 좌우로 능선 따라 구비구비 내려가는 코스도 있고, 골짜기로 급하게 내려가는 코스도 있는데, 필자는 후자를 택해 내려간다.

오랜만에 스키를 타니 자세는 흐트러져 엉성하지만, 속도에 몸을 실으니까 스키 타던 감각이 다시금 되살아난다. 스키는 원래 한 발로 중심을 잡고 타는 스포츠로 알고 있다. 한 발로 중심을 잡아야만 전방 상황에 따라 좌우로 중심 이동을 순간순간 번갈아가며 돌발적인 장애물을 피하거나 안전한 루트를 찾아 활강할 수 있는 것이다.

아무튼, 가파른 슬로프에서 속도를 내니까 업다운의 느낌도 되살아난다. 짧은 턴을 할 때 무게 중심을 다운하며 엣지를 강하게 주고 순간 내리꽂을 때 상체를 업하면서 무게를 앞으로 싣게 된다. 실은 이런 느낌 정도를 가질 뿐이지 혼자 무지막지하게 배웠기 때문에 이런 것들을 다듬어서 멋지게 탈 정도의 기교는 전혀 없다. 그럼에도 오랜 감각을 되찾게 된

것만으로 감사할 따름이다.

뒤늦게 트랭글 맵핑 앱을 실행시키게 되는데, 콜블랑*Coll Blanc*에서 파스 데 라 카사*Pas de la Casa* 방향으로 한 번 더 같은 슬로프를 타 보고, 그다음에는 다시 올라온 콜블랑*Coll Blanc*에서 파스 데 라 카사*Pas de la Casa* 반대편으로 내려가본다. 내려간 반대 방향 골짜기에는 발로르 초코라테리아 (Valor Chocolateria)라는 스낵 휴게소가 있어 그곳에서 잠시 호흡을 가다듬을 겸해서 바켓트 샌드위치와 핫초콜렛으로 간단한 요기를 하는데 이곳이 그라우 로이그*Grau Roig* 마을 섹터이다.

이곳 그라우 로이그*Grau Roig*에서 넘어온 저편 파스 데 라 카사*Pas de la Casa*와 반대 방향으로 다양한 슬로프들이 있어 다시 반대 방향 리프트로 오르니 해발 2,412m 픽쿠빌(Pic Cubil) 스테이션이고, 그곳에서 다시 반대편 설원을 달리다 오른편 계곡으로 급히 내려가게 되니까 플라 데 레스 페드레스*Pla de les Pedres*이다. 아마 솔데우*Soldeu* 마을 섹터인 것 같다.

그랜드 바릴라*Grandvalira* 지역에 대해 아무것도 모른 채 다소 멀리 온 듯하다. 온 길을 되돌아가는 것도 쉬운 일은 아닐 것 같은 걱정이 들면서도

El Raco de Solanelles

이 지역 스키장들이 전체적으로 연결되어 이렇게 누빌 수 있는지 알았다면 이 지역 상세 정보를 가지고 이른 시간부터 모든 코스를 누볐을 텐데 하는 아쉬움도 적잖게 남는다. 어쨌든 이제는 되돌아가는 게 우선이다.

필자가 내려온 방향으로 되돌아가는 리프트를 탄다. 리프트로 오른 곳은 해발 2,502m 코르탈스(Cortals) 스테이션이고, 코르탈스(Cortals)에서 좀 내려가니 둔덕 위에 엘 라코 데 솔라넬레스(El Raco de Solanelles) 레스토랑 휴게소가 있는데 해발 2,458m로, 주변은 마치 고원 분지 같은 모습으로 설원이 펼쳐져 있고 그 뒤로는 뾰죽뾰죽한 설산 봉우리들이 설원의 배경이 되어주고 있다. 돌아가야 할 방향을 제대로 찾은 듯하여 안도하며 이곳의 정취를 만끽해 본다. 마치 피레네 산맥의 정점에 있는 듯한 착각 속에서 깨물은 사과 맛이 별미로 느껴진다.

이후 그라우 로이그Grau Roig로 내려가 다시 리프트를 타고 콜블랑(Coll Blanc) 인근 스테이션으로 올라서는 능선길과 계곡길을 이용하여 무난히 파스 데 라 카사Pas de la Casa 원점으로 되돌아온다. 그 과정에서 파스 데 라 카사Pas de la Casa와 그라우 로이그Grau Roig 마을의 경계를 이루는 듯한 능선에서 그랜드 바릴라Grandvalira 캘리그라피도 만났다.

길지않은 시간에 파스 데 라 카사Pas de la Casa에서 시작하여 그라우 로이그Grau Roig 섹터를 지나 솔데우Soldeu 섹터까지 다녀왔지만, 이정도로 마치기는 아쉽다. 따라서 그랜드 바릴라Grandvalira에서 가장 높은 해발

2,723m 픽 브랑크(Pic Blanc) 스테이션으로 올라 본다. 픽 브랑크(Pic Blanc)와 콜블랑(Coll Blanc) 사이에는 콜블랑(Coll Blanc) KSB라는 휴게소가 있는데, 그곳 야외 덱에는 인산인해를 이룬 남녀 젊은이들의 흥에 겨운 몸짓으로 분위기가 제법 뜨겁다. 경쾌한 음악이 뒷받침되는 이곳은 피레네 산맥에 자리한 클럽과 다름없다. 필자도 나이를 초월한 젊음이 여전하다고 스스로 우기는 입장이지만 그들과 감히 섞일 생각은 못한다. 나이든 것을 탓할 뿐인 자신이 역시 설익은 철부지임을 실감한다. 콜블랑(Coll Blanc)에서 새로운 루트인 오른편 능선을

달려 파스 데 라 카사*Pas de la Casa*로 무사히 귀환하며 안도라에서의 스키 일정을 마감한다.

처음에는 혼자 심심해서 얼마나 탈 수 있을까 싶기도 했는데, 막상 접해 보니 그랜드 바릴라*Grandvalira* 지역 여섯 개 마을의 다양한 슬로프들이 서로 유기적으로 연결되어 있어 단순한 스키를 너머 이곳 지역 일대를 산보하듯 탐방하는 스키 하이킹을 즐길 수 있어서 당초 기대보다 훨씬 매력적인 경험이다.

따라서, 시간이 부족하여 곳곳을 충분히 누벼 보지 못한 것이 오히려 적잖은 아쉬움이다. 스키 시즌이 아닐 때 비박(Bivouac) 산행으로 이곳 피레네 산맥을 경험해 보는 것 또한 흥미로울 것 같다. 눈에 감춰진 피레네의 속살에 대한 기대감이 있기 때문이다.

Day 9-3,

(2022. 02. 08.)

안도라 수도 *Andorra la Vella*에서 지인과 상봉하다

안도라 수도 안도라 라 베야*Andorra la Vella*를 방문하기 위해 파스 데 라 카사*Pas de la Casa*에서 안도라 라 베야*Andorra la Vella*를 오가는 L4 버스를 11시 20분에 탑승하게 된다. 편도 요금은 4.8유로인데 왕복 요금은 7.3유로이다.

익일 다시 파스 데 라 카사*Pas de la Casa*에서 출발하여 툴루즈*Toulouse*로 가는 블라블라카(Blablacar) 카풀 승용차를 4.5유로에 예약해 놓았기 때문에 이곳으로 돌아오기 위하여 왕복 티켓

2018년 9월 17일 몽펠리에 Omija 한국마트 앞

을 승차하면서 운전기사에게 신용카드로 구매한다. 별도의 티켓 판매부스가 없기 때문에 승차하면서 운전기사에게 직접 승차권을 구입하는 시스템인 것이다.

55분가량 걸려 도착한 안도라 라 베야*Andorra la Vella*에는 한국 교포 여성분이 차량을 갖고 픽업 나오셨다. 그 여성분은 4년 전 스페인 바르셀로나

*Barcelona*에서 이태리 벤티미글리아*Ventimiglia*까지 지중해 자전거 여행할 당시 경유했던 몽펠리에*Montpellier*에서 한국 식품점을 운영하던 여 사장님이시다. 당시 잠시 들렀던 상점에서 처음 뵙게 되었는데, 당시 여행 중 겪은 여러 사건사고들을 넋두리처럼 털어놓으면서 위로와 격려를 받기도 했다.

그 이후, 때때로 메신저를 통해 연락을 주고받기도 하면서 현재는 공인 회계사인 프랑스 남편과 안도라로 이주하여 거주하고 있다는 사실을 알고 있었기에 안도라에 스키타러 올 때부터 혹 만나뵐 수 있을까 하는 막연한 기대가 있었던 게 사실이다.

따라서, 오늘 아침 나의 현재 상황을 전하며 안도라 라 베야*Andorra la Vella*에 가는 길에 만나 뵙고 식사 대접을 해 드리고 싶다고 하였더니 선뜻 터미널로 픽업 나와 주었던 것이다. 하지만, 필자를 픽업하자마자 레스토랑이 아닌 자신의 집으로 안내하는 것이 아닌가? 레스토랑은 가도 별 맛있는 것도 없다면서 갑작스러운 연락으로 준비한 것은 없지만 그럼에도 자신의 집에서 식사 한 끼를 함께 나누자는 의도였던 것이었다.

픽업되어 따라간 집은 1838년에 지은 184년 된 석축 건물로, 벽의 두께가 무려 1m가 되도록 돌을 쌓아 올려 지은 가옥이다. 충고가 높으면서 아늑한 유럽 전통 분위기가 느껴지는 정감 있는 주택이다. 이처럼 오래된 집이 단순한 리모델링 업데이트로 오늘날 아무런 불편이 없는 훌륭한 주거 공간으로 사용되고 있다는 사실이 놀랍다. 실제 건물 외벽 하단부에는 건축 년도인 '1838'이 음각으로 새겨져 있다.

집에서는 재택 근무한다는 신랑 필리프(Philippe)가 서툴지만 정겨운 한국말로 반갑게 맞이해 주었다. 부인이 식사 준비를 하는 동안에도 직접 썬 하몽(Jamon)을 와인과 함께 챙겨와 한 잔을 청하며 건배를 외친다. 참으로 귀엽게 느껴지기도 하는 친근한 친구인데, 나중에 우리나라 인삼주까지 꺼내 온다.

잠시 후, 간만에 유럽에서 구경하기 어렵던 LA 갈비와 김치두부, 샐러드 그리고 흑미 잡곡밥 등으로 한 상을 차려 내왔다. 뜻하지 않게 집에 초대받은 것부터 귀한 음식 대접 등 감동의 연속이다. 이후 아이스크림 디저트 그리고 식후 산책 등까지 이어진다. 사실 여행 중 잠시 스치듯 만났던 인연임에도 주고받는 화제의 레퍼토리는 시종 끊이지 않는다. 그럼에도 히교히는 자녀 픽업 시간이 다 돼서 일어서게 되고, 필자가 예약해 놓은 호텔까지 배웅을 받게 된다.

필자의 각본 없는 여행을 풍성

하고 의미 있게 해 준 한국 교포 여성분 내외의 따뜻한 대접에 언제 어떻게 보답해야 할지 지금으로써는 전혀 알 도리가 없다. 여하튼 필자에게 적잖은 도움들을 주신 분들에게 보답하기 위해서라도 오래 살고 봐야 할 듯싶다.

한 가지 덧붙이자면, 나중에 알게 된 사실인데, 프랑스 남편 사이에 얻은 자제의 이름은 한국식 이름 재원이다. 아드님이 한국말도 아주 잘한다고 한다. 한국인이라는 자긍심과 가정 내 그녀의 지위를 짐작하게 하는데, 유럽인과 국제 결혼하여 유럽에 거주하고 있는 한국인의 해당 가정과 사회에서의 위상이 과거와 비교할 수 없을 정도로 격상되어 있음을 여행을 다니다 보면 쉽게 엿볼 수 있을 것이다. 이는 대한민국의 국제적 위상과 무관치 않을 것인데, 사실 대한민국의 재외 국민들은 해당 국가에서 그 이상으로 대접받고 주목받고 있는 것으로 느껴진다. 필자의 단견으로는 대한민국의 그동안 성장 속도를 고려할 때, 유럽의 부국조차 한국이 자신들을 뛰어넘는 것은 시간 문제라고 판단하고 있기 때문이 아닐까 싶다.

Day 9-4,

(2022. 02. 09.)

Good-bye 안도라 라 베야

유럽에서 가장 높은 곳에 수도를 두고 있는 안도라는 서로마 제국 황제 칭호를 받은 프랑크 왕국의 샤를마뉴(Charlemagne) 대제에 의해서 사라센과의 치열한 전쟁 과정에서 공헌을 많이 한 이 지역 사람들을 위해 세워졌다고 전해진다.

그 이후 안도라에 대한 주권을 획득하기 위해 지역 백작과 카톨릭 사이에 수년 간 치열한 싸움을 겪은 후, 1278년과 1288년에 가탈루냐 지방 우르겔*Urgell* 지역의 대주교 페레 뒤드그(Pere d'Urg)와 푸아(Foix) 백작 후저 베흐나(Roger Bernat) III세 간에 조약을 맺으면서 조약에 따라 주권을 공유하게 되고 안도라 공국이 탄생했다고 하는데, 오늘날에도 여전히 그 전통이 이어져 스페인 카탈루냐 우르겔 지역의 대주교와 프랑스 공화국 대통령이 공동으로 통치권을 갖는다고 한다.

아무튼, 어제 이곳 안도라*Andorra* 수도 안도라 라 베야*Andorra la Vella*에서 반가운 지인을 만난 정도로 만족하고 오늘은 그동안 해오던 지중해 대서양 내륙 종단 자전거 여행을 이어 가기 위하여 서둘러 툴루즈*Toulouse*로 돌아가려 한다.

따라서, 이미 예약된 카풀 서비스를 이용하기 위해 파스 데 라 카사*Pas de la Casa* 행 시내버스를 탑승하러 버스 터미널로 향한다. 13시 30분, 파스 데 라 카사*Pas de la Casa* 에서 툴루즈*Toulouse*로 가는 카풀 차량이 예약되어 있기 때문이다. 안도라를 오가는 카풀 승용차 대부분은 프랑스 접경 마을 파스 데 라 카사*Pas de la Casa*와 툴루즈*Toulouse* 간에 이루어진다. 다니는 목적이 주로 면세 물품인 담배와 주류 등을 구매하기 위해 찾아오기 때문이다. 그래서 파스 데 라 카사*Pas de la Casa*에서 이곳 안도라 라 베야*Andorra la Vella*에 올 때도 시내버스 왕복 티켓을 구매해 놓았던 것이다.

시내버스 정류장도 안도라 수도의 중심로인 숙소 앞 카를르마니

(Carlemany) 거리에 있지만, 굳이 중심로 카를르마니(Carlemany)와 쇼핑가 메리셀(Meritxell) 거리 등을 지나서 대략 2km 거리의 버스 터미널(EstacióNacional d'Autobusos)로 이동한다. 그 이유는 이렇게 해서라도 안도라 라 베야*Andorra la Vella*에 대한 최소한의 경험과 이를 통한 느낌을 남기기 위함이다.

카를로마니(Carlemany) 거리에서는 화강암으로 지은 로마네스크 양식의

아름다운 에스칼데스 지구 순교자 성 베드로 교회(Saint Peter the Martyr de les Escaldes)와 눈여겨보지 못한 카르멘 티쎈 안도라 박물관(Museo Carmen Thyssen Andora)을 지나게 되고, 이어서 바릴라(Valira) 강 저편에 있는 유럽에서 가장 큰 온천이라는 칼데아 스파(Caldea Spa)도 보게 된다. 그리고 카를르마니(Carlemany) 거리 중 보행자 거리로 접어들면 인상적인 금속 조형물이 있다. '영원한 시선을 표현한 조각 작품'으로 그 이름도 같은 의미의 카탈루냐어 '에스쿨트라 라 미라다 에테르나(Escultura la mirada eterna)'이다.

가를르마니(Carlemany)는 불어 샤를마뉴(Charlemagne)의 카탈루냐 표기인 듯싶은데, 아무튼 카를르마니(Carlemany) 거리에서 막 바로 이어지는 메리텔(Meritxell) 보행자 거리는 쇼핑 천국인 안도라의 쇼핑가인데, 이 일대 중심지를 포함하고 있는 안도라 베야*Andorra Vella* 상업지구를 레스 에스칼데스(Les Escaldes)라고 부른다.

Noblesa del temps (시간의 고귀함)
de Salvador Dali

쇼핑센터가 즐비한 이 거리에는 'ANDORRA' 캘리그라피와 여러 조형물도 있는데, 특히 바릴라(Valira) 강과 만나는 지점인 원형 교차로 광장(Plaça de la Rotonda, 쁘라사 데 라 호톤다) 에는 살바도르 달리(Salvador Dali)의 초현실주의 작품, 「기억의 지속」을 청동으로 표현한 조형물이 인상적이다. 시간의 흐름을 상징하기 위한 Melting Clocks의 모습이라 할 것인데, 작품 이름은 「고귀한 시간」을 뜻하는 '노브레사 델 템스(Noblesa del Temps)'이다.

살바도르 달리(Salvador Dali)의 작품 뒤로는 안도라 라 베야의 가상 대표적인 다리 폰테 파리스(Pont de Paris)도 보게 되고는 강 따라 좀 더 내려가 로타리를 지나 버스터미널에 이르게 되면서 너무도 짧게 안도라 라 베야(Andora la Vella) 여행을 마감한다.

02

Canal Lateral a la Garonne
가혼 운하

Day 10,

(2022. 02. 10.)

툴루즈 Toulouse ~ 몽테크 Montech

숙소 난(難)은 이번 자전거 여행의
첫 야영으로 해결된다

Montech
Day 50.79km
누적 거리 352.18km

　　　　오늘부터 미디(Midi) 운하 구간을 마친 후 새롭게 가혼 운하 (Canal de Garonne) 일정을 시작한다. 숙소와 지근거리의 툴루즈 대학 캠퍼스를 관통해 후문을 나서서 만나게 되는 가혼(Garrone) 강의 생 삐에흐 다리

Pont Saint Pierre

(Pont Saint Pierre)와 이와 인접한 하류 방향 문화 센터인 에스파스 으드에프 르 바자클 (Espace EDF le Bazacle) 사이에서 시작되는 브리엔느 운하 (Canal de Brienne)의 생 피에흐

Midi 운하

Brienne 운하

Ponts-Jumeaux

Port de
l'Embouchure

SANCTANOX

갑문(Écluse Saint-Pierre)을 출발하면서 이날 일정을 본격적으로 시작하게 되
는데, 이때 시각이 10시 50분경이다.

이곳에서 서북 방향으로 2km가량 달려서 도심을 벗어나게 되는데,
이 운하 수변에는 덩치 큰 가로수들로 우거져 있고 컬러풀한 대형 유람
선들도 있어서 제법 운치가 있다. 이 짧은 운하는 주모다리 갑문(Écluse
des Ponts-Jumeaux, 에크루즈 데 퐁-주모)을 거쳐서 저수지같이 넓은 렁부슈
흐 항구(Port de l'Embouchure: 입)와 만나는데, 저수지 같은 항구는 가혼
(Garonne) 운하가 미디(Midi) 운하 말미와 예각으로 만나 연결되는 지점으
로 두 운하 끝단에 주모 다리(Ponts-Jumeaux: 쌍둥이)가 놓여 있다.

브리엔느(Brienne) 운하는 렁부슈흐 항구(Port de l'Embouchure)에서
120°가량 방향을 바꿔서 북쪽의 새로운 운하로 이어지는데, 이곳부터가

1856년에 건설된 가혼(Garonne) 운하이다. 가혼강에 직면해 있는 생 피에흐 갑문(Écluse Saint-Pierre)부터 주모다리 갑문(Écluse des Ponts-Jumeaux)까지는 1768년 브리엔느(Brienne) 툴루즈 대주교의 지원으로 만들어졌기 때문에 스폰서인 대주교의 이름을 따서 브리엔느(Brienne) 운하라고 불리는 것이다.

렁부슈흐(l'Embouchure) 항구를 등지고 드디어 가혼(Garonne) 운하를 달리기 시작한 시각은 대략 11시 10분경이다. 미디(Midi) 운하길과 달리 잘 포장되어 있어 달리기 좋다. 다만 거의 직선주로여서 다소 밋밋하고 단조로운 반면 운하에서 카약킹하는 젊은이들 모습들이 상큼함을 준다.

이후 7.5km 거리쯤에서 가혼(Garonne) 운하의 첫 번째 관문인 라렁드 갑문(Écluse de Lalande: 땅)을 지나는데, 라렁드 갑문 이후에는 운하가 말라 있다. 필요한 관리를 위해 일시적으로 물을 뺀 듯하다. 라렁드 (Lalande) 갑문은 2개로 1개의 Dock을 갖추고 있고, 통과하는 선박이 들어가게 되는 두 갑문 사이 직사각형 챔버는 길이가 30m 규격으로, 1840년 만들어졌지만 1972년에 길이를 40m로 늘려서 350톤의 화물을 실은 바지선이 통과할 수 있게 했다고 한다.

또한, 라렁드(Lalande) 갑문이 만들어지면서 이의 혜택을 누린 두 개의

Écluse de Lalande

공장이 있다. 오른쪽 운하 둑에 있는 가리니에(Galinier) 공장은 운하에서 준설된 슬러지로 벽돌을 생산했고, 왼쪽 운하 둑에는 1864년에 세워진 마더(Mather) 야금공장이 이 갑문의 수력을 이용해 운영되다가 20세기 초에 얼음 공장으로 전환되었다. 따라서 그곳으로 이어지는 도로에 '앙빠스 드 라 그라씨에흐(impasse de la Glacière)' 이름이 붙여졌다. 이는 '얼음 공장으로 가는 막다른 길'이라는 의미라 하겠다.

라렁드(Lalande) 갑문을 뒤로 하고는 라꾸텅수 갑문(Écluse de Lacourtensourt), 페누이예 갑문(Écluse de Fenouillet), 레스피나스 갑문(Écluse de Lespinasse) 등을 지나 13시경 17km 거리의 보흐드뇌브 갑문(Écluse de Bordeneuve)을 만나게 되는데 모든 갑문이 1개의 도크로 운영되고 있다. 그만큼 이곳 운하가 비교적 완만하게 내려가고 있다고 해석될 수 있을 것이다.

보흐드뇌브(Bordeneuve) 갑문부터는 운하에 다시 물이 채워져 있고, 이곳까지 오는 과정에서 봄맞이 기지개를 켜는 듯 힘차게 달리는 중장년 라이더들을 빈번하게 만난다. 바람 한 점 없이 날씨가 포근하여 필자 역시

가죽 재킷과 이너 패딩을 벗은 지 이미 오래다.

이후 생 조히 갑문(Écluse de Saint-Jory)을 지나 레흐강 위로 지나게 되는 레흐 운하 다리(Pont-Canal de l'Hers)와 레흐 갑문(Écluse de l'Hers)도 잇따라 지나고는 다시 카스텔나 갑문(Écluse de Castelnau)도 지나게 되는데, 이곳 갑문들은 모두 하나같이 미디(Midi) 운하와 달리 갑문 바로 옆에 운하와 나란한 보조 수로와 보조 갑문이 있다. 아마 미디(Midi) 운하보다 200년가량 늦게 건설한 만큼 뭔가 보완을 한 듯한데, 아마도 일정 수위 이상으로 올라가 넘치는 물이 주 갑문을 열지 않고도 자연스럽게 흘러 배출되도록 만들어진 것이 아닐까 싶다.

13시 50분이 가까올 무렵, 벤치가 있는 곳에 머물며 샌드위치와 사과, 우유 등으로 점심을 대신한다. 벤치가 있는 강둑 아래 무료 주차장이 있어 차를 이곳으로 몰고 와서 강둑 위를 산책하는 중장년분들을 이따금 보게 된다.

간식거리로 요기를 한 후 엉발렁스 갑문(Écluse d'Embalens: 포장)을 지나고 15시가 가까워지는 시각 30km 남짓 거리에서 제법 규모 있는 마을 그히솔*Grisolles*을 지나게 되면서 가혼(Garonne) 운하에서 유람선을 처음 만나게 된다.

이곳에 세워져 있는 관광 안내판에 의하면 가혼(Garonne) 강과 가혼(Garonne) 운하 사이, 그리고 툴루즈*Toulouse*와 몽토방 *Montauban* 사이에 있는 그히솔(Grisolles)은 15세기에 왕이 지나던 마을로 왕이 파리*Paris*에서 툴

루즈*Toulouse*로 행차하거나 보르도*Bordeaux*에서 툴루즈*Toulouse*로 행차할 때 반드시 거치던 주요 경유지였고, 16세기에는 칼이나 식기 산업으로 발전했는가 하면, 17세기에는 수수 빗자루를 프랑스 전역에 공급한 생산지 등으로 널리 알려졌던 마을이라고 한다.

또한 그히솔*Grisolles*은 프롱톤(Fronton) 포도원의 중심부에 있다. 프롱톤(Fronton) 포도원은 세상 어디에도 없는 품종인 네그레트(Négrette) 품종의 포도를 재배하고, 이 포도를 가지고 독창적인 와인을 생산하는 것으로 자부심이 강한 곳이라고 하는데, 이런 네그레트(Négrette) 품종으로 만든 로제(Rosé) 와인은 과일 향이 나고 신선하며 입 안에서 남다른 풍성한 맛을 느끼게 하고, 레드 와인의 경우는 섬세하고 우아하며 오묘한 맛에 더해진 블랙커런트, 블랙베리, 라즈베리 같은 붉은색과 검은색 열매 그리고 제비꽃, 모란꽃의 향미가 느껴진다고 한다.

이상과 같이 가혼(Garonne) 운하를 달리며 만나는 마을에는 마을마다 마을을 소개하는 관광 안내판이 일정한 형태로 세워져 있는 만큼 이를 살펴볼 필요가 있다. 이런 관광안내판은 미디(Midi) 운하를 지나면서는 경험하지 못한 차별적인 점이기도 하다.

16시가 다 되어가는 시각 어느 다리를 지나는데, 다리 아래 벽면에 일본 만화 캐릭터가 그려져 있다. 이미 한물 간 일본의 지난 날 영화 榮華를 보여주는 잔상같이 여겨진다. 16시 30분 무렵, 45km가량 거리에서 라바쉬 갑문 (Écluse de Lavache: 소)을 만나는데 종전 갑문 이후 18.5km만에 처음 만난 갑문이자 가혼(Garonne) 운하 열 번째 갑문이기도 하다.

그리고는 16시 45분경, 몽테크 항구(Port de Montech)에 이르게 된다. 멋진 배들이 적잖게 정박되어 있는 항구다운 항구 모습이고, 이곳 항구에서 그다지 멀리 벗어나지 않은 곳에 대형마트가 있는 것으로 검색된다. 다만 여러 방법으로도 검색되는 숙소가 없어 항구 주변에서 야영할 생각을 하게 되고, 따라서 마트에 가서 저녁과 아침에 먹을 것들을 챙겨 오는데, 다행히 날씨가 길나그네 편이라 야영하기에 전혀 부담 없는 날씨이기도 하다.

Port de Montech

부두 옆 잔디밭을 야영지 삼아 텐트를 치는데, 바로 마주 보이는 지적에 레스토랑 비스트로 껑스땅(Bistro Constant)이 있다. 저녁 시간에 맞춰 적잖은 손님들이 레스토랑을 찾아 들어가는 것이 음시을 잘하는 곳 같아 필자 역시 발걸음을 그 레스토랑으로 향해 본다.

하지만, 왠걸 이미 풀부킹되어 있어 예약하지 않았다면 식사하는 게 불가능하다고 한다. 한적한 곳에 있는 식당임에도 예약이 이미 끝났다니 입소문 난 훌륭한 식당임이 틀림없는 것 같아서 아쉬움이 더욱 크다. 여기

서 주목해 볼 사실은 프랑스 레스토랑들은 대체로 테이블 숫자 만큼의 음식이나 식재료만 준비하여 대체로 테이블 수만큼만 손님을 받는다는 사실이다. 여기서 의미하는 레스토랑이라고 하면, 패스트 푸드점을 제외하고 전체요리(Entrée), 메인(Plat), 디저트(Dessert) 음식을 서빙하는 식당을 의미한다 하겠다.

어쩔 도리 없이 마트에서 사온 것들로 저녁을 해결하고는 대신에 내일 점심만큼은 제대로 된 근사한 음식으로 배를 불려야겠다는 굳은 각오를 다지며 스스로를 위로해 본다. 이번 자전거 여행처럼 대도시가 아닌 시골 마을들을 끼고 오지를 여행하는 경우에는 사실 먹는 것과 자는 문제 해결이 간단치만은 않은 일임을 다시 한번 실감한다.

오늘 일지에서 빼놓을 수 없는 부분이 있어 언급하자면, 이번 자전거 여행의 종착지가 당초 목적지였던 보르도*Bordeaux*가 아니고 후아양*Royan* 으로 변경하게 된다. 오늘에서야 운하 자전거길 곳곳에 있는 자전거 이정표를 통해서 현재 필자가 진행하고 있는 자전거 여행길이 지중해에서 대서양에 이르는 테마 자전거 길인 'Le Canal des 2 Mers à Vélo(www.canaldes2mersavelo.com)'에 해당하는 자전거 길임을 뒤늦게 인지하게 되면서 자연스럽게 테마 길 내용에 따라 종착지를 수정하게 된 것이었다.

따라서 해당 홈페이지에서 자전거 길 안내 gpx 파일도 다운받게 되면서 자연스럽게 이번 자전거 여행의 종착지가 당초 목적지였던 보르도Bordeaux가 아닌 후아양Royan임을 깨닫게 된 것이다. 후아양Royan은 보르도Bordeaux에서 북서쪽으로 160km 이상 더 진행해야 만나게 되는 항구도시로, 후아양Royan이 가혼(Garonne) 강어귀를 벗어나며 비로소 대서양이 시작되는 기점인 듯하다.

Day 11,

(2022. 02. 11.)

몽테크 Montech ~ 골페시 Golfech

미디 운하에서 보지 못한
가혼 운하만의 특별한 시설들을 만나다

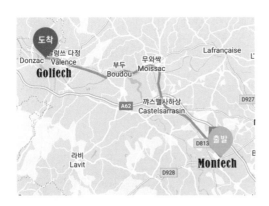

Montech ~ Golfech

Day 11 46.19km

누적 거리 398.37km

오전 09시 40분경 야영을 했던 멋스러운 Montech 항구를 출발하는데 밤새 내린 비로 젖은 텐트를 말려야 하는 숙제를 안고 떠난다. 항구를 채 벗어나기 전에 진행 방향과 직각으로 연결되는 또 다른 운하를 만나게 되는데, 이는 몽테크 운하(Canal de Montech, 까날 드 몽테크)이다. 이는 가혼(Garonne) 운하를 서북 방향 타흔(Tarn) 강과 연결해 주는

역할을 함으로써 결과적으로 몽테크*Montech*와 타흔(Tarn) 강을 끼고있는 몽토방*Montauban*을 연결해 준다 하겠다.

16세기 말, 카톨릭과 위그노 (Huguenots) 개신교 간에 위그노 전쟁으로 30년가량 프랑스가 내전에 가까운 몸살을 앓았을 당시 몽테크 *Montech*는 카톨릭 지역이었던데 반해, 몽토방*Montauban*은 위그노 지역이어서 이웃한 마을끼리 피비린내 나는 골육상쟁의 비극이 있지 않았을까 싶다. 그럼에도 250년가량이 흐른 19세기 중엽에 몽테크(Montech) 운하가 건설되어 두 마을을 이어 주게 된 만큼, 두 마을 간 역사적 앙금은 강물에 씻겨 사라진 지 오래일 것이다.

다시 몽테크(Montech) 운하를 직각으로 지나쳐 가혼 운하 진행 방향으로 바로 몽테크 갑문(Écluse de Montech)이 나타나는데, 몽테크(Montech) 갑문 좌측으로는 과거 유산이 된 제지 공장 라 빠뻬터히(La Papeterie)가 보인다. 이 제지 공장에서는 밀짚으로 정육점 고기 포장지를 만들었다고 하는데 밀짚 종이는 피를 빨리 응고시키는 특성이 있기 때문이고, 당시 공장을 돌리는 데 필요한 전기는 몽테크(Montech) 갑문 이후에 연이어 있는 뻬헤(Peyrets)와 뻬야보히 (Pellaborie) 갑문의 전기 터빈을 돌려 생산한 전기를 공급받았다고 한다.

가혼(Garonne) 운하의 경우는 미디(Midi) 운하와 달리 대부분 갑문소 마

Pente d'Eau de Montech

다 갑문을 우회하는 갑문 옆의 보조 수로들이 따로 있어서 그 용도가 궁금해 왔는데, 보조수로는 일정한 수위 이상의 물을 갑문을 열지 않고도 흘려보내는 기능 이외에도 이렇듯 수력 발전도 가능케 하고 있었던 것이다.

몽테크(Montech) 갑문소부터 2.2km 사이에 5개 갑문소가 잇따라 나오는데, 이 구간에는 가혼(Garonne) 운하와 나란히 또 다른 수로가 있다. 알고보니 이 구간에는 몽테크(Montech) 워터슬로프(Pente d'Eau de Montech, 뺑뜨 도 드 몽테크)가 있어서 5개 갑문소(Montech, Peyrets, Pellaborie, Escudiès(에스뀌디에) 및 Pommiès(뽐미에))를 대신하여 이 워터슬로프를 통해 선박이 오르내리면 5개 갑문을 통과할 때보다 45분가량의 시간을 단축하여 20분만에 통과할 수 있다고 한다. 보충 설명을 드리자면 이곳 워터슬로프에는 배가 오르내릴 때 선박 양 측면에서 배를 붙잡고 견인하듯 이끌어 주는 기차 형태의 견인 장치가 있는 것이었다.

몽테크(Montech) 워터슬로프는 1974년 뒤늦게 만들어진 세계 최초의 시설로, 여전히 잘 이용되고 있다고 한다. 반면, 미디(Midi) 운하의 경우, 베지에*Béziers*의 퐁세헝(Fonseranes) 지구에 있는 퐁세헝 9 갑문(Les 9 Écluses de Fonseranes) 옆에도 퐁세헝(Fonseranes) 워터슬로프(Pente d'Eau de Fonséranes, 뺑뜨 도 드퐁세헝)를 만들었지만, 시공 이후 무슨 문제들 때문인지 몰라도 현실적으로 견인 장치를 설치하지 않아서 사용되지 못하고 있다.

이후 에스까딸렁 갑문(Écluse d'Escatalens), 생 마흐땅 갑문(Écluse de Saint-Martin), 프하드 갑문(Écluse de Prades) 등을 지나서 12시경 약 16km 거리에 있는 까스텔사하상*Castelsarrasin*에 이르게 되는데, 이 과정에서 만난 농가 주택들이 하나로 합체되어 있는 듯한 모습과 까스텔사하상*Castelsarrasin* 마을의 자크-이브 쿠스토우 항구(Port Jacques-Yves Cousteau) 선착장에 있는 배 형상의 분수대가 눈길을 끈다.

Écluse de
Saint-Jean des Vignes

이어서 바로 카스텔사하상 갑
문소(Écluse de Castelsarrasin) 그
리고 비뉴 생장 갑문소(Écluse de
Saint-Jean des Vignes), 그리고 배
히에 갑문소(Écluse de Verriès),
아흐텔 갑문소(Écluse d'Artel) 등
도 지나고는 나중에 몽골 텐트
같은 모습의 특이한 건축물을 만
나지만, 특별한 역사성은 없는
듯하다.

이 대목에서 갑문 관리에 대
해 설명을 하자면, 1990년대 자
동화되기까지 갑문을 열고 닫는
일은 인간의 힘에 의존했기에 갑
문은 갑문 관리인에 의해 수동
으로 작동되었다. 각 갑문 관리

소는 관리인이 가족과 함께 사
는 가정집이기도 했다. 따라서
갑문 관리인들은 자신들이 관리
하는 갑문과 갑문 주변의 아름
다운 환경에 자부심을 느끼면서
관리소 주변에 꽃과 나무들을 심어 정원을 조성하거나, 쌈 채소를 재배하
는 텃밭을 가꾸었다.

　게다가 가족 구성원들의 삶 역시 갑문 운영과 관리를 중심으로 영위되
었고, 따라서 서로 분담하여 갑문을 돌보곤 했다고 한다. 기계 파트 필요
한 곳에 기름칠을 하거나 갑문 주변의 오물을 제거하는 일, 보트를 안내
하고 수위를 조절하며 갑문을 작동시키는 일, 안전하고 원활한 통로를 보
장하기 위해 계류장을 점검하는 일 등이었는데, 특히 과거에 크랭크를 작
동시켜서 육중한 문을 여닫는 일에 특히 많은 힘을 쏟아야 했다고 한다.

　12시 50분을 넘어서 대략 22km 거리에서 카코 운하 다리(Pont-Canal Du
Cacor)를 만나게 되는데, 이 운하용 다리는 무려 길이가 356미터이고 아치
가 13개로, 1842~1846년에 가흔(Garonne) 운하가 타흔(Tarn) 강 위를 지
나도록 세워졌다. 이후 1.2km 거리에 줄줄이 있는 퐁–카날 갑문(Écluse
du Pont-Canal), 그헤곤느 갑문(Écluse de Grégonne), 무아싹 갑문(Écluse de
Moissac) 등을 지나고 무아싹 항(Port de Moissac)에 이르러서는 점심을 먹을
레스토랑을 찾아 운하를 벗어나 무아싹*Moissac* 마을로 들어선다.

　시내에는 첨탑을 높이 세우고 있는 고딕 양식의 생자크 교회(Église
Saint Jacques)가 멀리서도 돋보이지만, 카톨릭 인구가 급감하고 있는 유럽
의 카톨릭의 현실을 보여주는 듯, 더 이상 종교 시설이 아닌 문화 센터로
변신해 있다.

Port de Moissac

　사실 무아싹Moissac은 산티아고 순례 마을이자 프랑스 중남부 르 뷔-엉-벨레Le Puy-en-Velay에서 시작하여 생-쟝-삐에-드-뽀흐Saint-Jean-Pied-de-Port를 경유해서는 산티아고 콤포스텔라Santiago Compostela까지 이어지는 약 1,500km 거리의 산티아고 순례길 중 중요 거점 마을 중 하나이다. 이곳 무아싹Moissac 수도원에는 로마네스크 양식의 조각품이 있는 수도원 교회를 포함하여 수많은 중세 건축물들이 남아있는데, 전설에 따르면 506년 프랑크 왕 클로비스가 서고트족에게 승리한 후, 카톨릭 세례를 받고 직접 무아싹Moissac 수도원 설립을 명했다고 전해진다.

　아무튼, 무아싹Moissac이 이렇듯 카톨릭 성지 같은 곳이면서 운하 마을 중에서 제법 큰 도시 규모의 마을이지만, 마땅한 레스토랑을 찾기 어렵고 케밥 레스토랑 정도뿐이 보이지 않는다. 따라서 차라리 빵집(Boulangerie, 블랑제히)에 가서 대용식을 챙긴다. 전날 저녁부터 꿈꿨던 근사한 점심 식사를 못하고 무아싹Moissac을 벗어나면서는 가혼(Garonne) 강과 가혼(Garonne) 운하 사이에 나란한 제방길을 달린다. 운하 건너편에는 차량도로와 그 뒤로 기차 철도가 나란한 모습이 꽤나 흥미롭다.

가혼(Garonne) 운하에 대한 해설 안내판이 있는 제방 쉼터에서 요기를 하는데, 안내판에 따르면 19세기 후반 철도가 운송 수단으로 등장할 때까지 운하 운송이 육로 운송보다 훨씬 빠르고 안정적이었으므로 이 지역의 귀중한 지역 상품인 와인, 곡물, 밀가루, 가죽, 직물, 파스텔 염료 등을 빠르고 안전하게 운송하기 위해 가혼(Garonne) 운하가 만들어졌다고 한다.

하지만 운하 건너편에 기차가 달리고 화물 차량이 달리고 있는 오늘날에는 가혼(Garonne) 운하 본연의 존재이유가 유명무실해졌을 것이 자명하다 하겠다.

본래의 존재 이유를 상실했을지언정 훌륭한 과거 유산으로 존재 자체가 소중한 운하 길을 달려 이후 에스파넷 갑문소(Écluse d'Espagnette)를 지나고, 가혼 다리(Pont de Garonne) 밑을 지나는데, 이 다리는 가혼(Garonne) 운하와 나란한 가혼(Garonne) 강과 가혼(Garonne) 운하에 놓인 대형 현수교이다. 다리를 지난 직후 쁘띠 베지 갑문(Écluse du Petit Bézy)와 브하겔 갑문(Écluse du Braguel)을 지나게 되고는 말로즈*Malause* 지역 팔로흐

다리(Pont Palor)와 폼메빅(Pommevic) 지역의 까삐땅 다리(Pont du Capitaine 퐁뒤 까삐땅)를 지나게 된다. 그리고는 뽐메빅 갑문(Écluse de Pommevic)과 발렁스 다정 갑문(Écluse de Valence d'Agen) 등을 잇따라 지나다 보니 16시가 좀 지나 40km를 넘어서는데, 세상의 모든 짐을 짊어진 듯 자전거 곳곳에 온갖 꾸러미들을 매달고 지나가는 방랑객의 모습이 눈길을 잡아끈다. 외견상 거지의 행색이지만, 별 부족한 것은 없게 느껴진다. 욕심이 없어 보여서인지 여유로워 보이기까지 하다. 사실 인간의 욕망은 인간 사회 성장과 발전의 원천 에너지이겠으나 인간 사회 모든 갈등과 다툼 역시 그 욕망에 기인할 것이다. 다수의 욕망 사이에 빚어지는 마찰이 갈등과 다툼을 낳기 때문이니 말이다.

드디어 42km 거리의 발렁스 다정 항구(Port de Valence d'Agen)에 접어드니 예약해 놓은 골페시*Golfech* 마을의 숙소가 지근거리이다. 발렁스 다정*Valence d'Agen* 마을의 대형마트에 들러 삼겹살 구이에 필요한 식재료들을 미리 구입하여 골페시*Golfech* 마을 숙소에 체크인 한다.

아래 층은 주방과 거실, 위 층은 침실과 욕실 등이 있는 2층집 독채를 사용하는 숙소이다. 식전에 먼저 텐트를 샤워기로 씻어서 1층 거실에 펼쳐 놓아 전날 비에 젖은 텐트를 말려야 하는 과제를 이렇게 해결한다. 그리고는 드디어 삼겹살 구이와 상추쌈, 미역국과 순무 깍두기 등으로 아쉽지 않게 저녁 식사를 즐기게 되는데, 불현듯 혼자 안주할 수 있는 이런 공간에 오래 머물고 싶다는 생각이 절로 든다. 시나브로 피로가 다소 누적된 탓일 것이다.

Day 12,

*Agen*은 백년전쟁 발발과 밀접한 관련이 있는 과거 아키텐 공국의 중심 도시이다

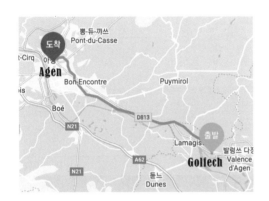

Golfech ~ Agen
Day 12 25.14km
누적 거리 423.51km

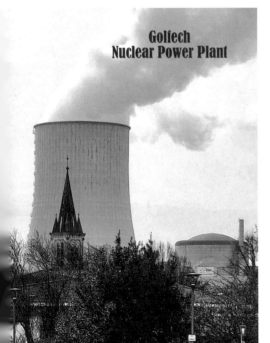

Golfech
Nuclear Power Plant

오후 1시가 되어서야 숙소를 나선다. 오늘은 가까운 약 25km 거리의 도시 아쟁*Agen*까지만 가려고 한다. 체력적으로 에너지가 꽤나 방전된 듯 하룻밤 휴식으로는 쉽게 재충전되지 않고 있고, 온몸의 근육도 뭉쳐 곳곳에서 근육통까지 느껴지고 있기 때문이다.

아무튼, 숙소를 찾아 벗어났던

가혼(Garonne) 운하로 되돌아가니 숙소가 있던 골페시*Golfech* 마을 뒤편 가혼(Garonne) 강변에 원자력 발전소 같은 원통형의 대형 건축물이 시야에 들어온다. 비아로나(ViaRhôna) 자전거 여행을 할 당시 프랑스 남부 혼(Rhône) 강변 마을 크후아스*Cruas*에서 보았던 크후아스*Cruas* 핵 발전소(Nuclear Power Plant)와 같은 모습이다. 역시 확인해 보니 골페시*Golfech* 핵 발전소(Nuclear Power Plant)이다.

독일은 2011년 일본 후쿠시마 원전 사고 이후 핵 에너지 정책을 포기한 반면, 프랑스는 이처럼 핵 에너지 성책을 여전히 고수하고 있는 것이다. 그런가 하면 우리나라는 중간자 입장에서 탈원전을 추진해 나가고 있다.

원자력 에너지는 문제만 발생하지 않는다면, 일단 발전 단가가 가장 싸고 가장 친환경적이라고 할 수 있겠지만, 유사시 아주 치명적일 수 있다는 위험성이 있기도 하다. 게다가 원자력 발전소가 있던 땅들은 영원히 재활용될 수 없는 불모지가 되고, 이미 포화 상태에 있는 핵 폐기물들의 처리 비용이 무제한으로 올라갈 현실 등을 고려하면 전통 에너지 생산비용과 비교해 원자력 발전 단가가 더 비싸지는 역전 현상도 언젠가 찾아올 것 또한 예상해 볼 수 있겠다.

각설하고 운하에 접어들어 바로 골페시 다리(Pont de Golfech)를 지난다. 다리 아래 붙어 있는 안내판에는 툴루즈로부터의 거리, 다리명, 소재지 등이 표기 되어 있어 툴루즈에서 84.6km 거리임을 알 수 있다. 이후 근거리에 있는 운하 다리를 통해

바흐겔론(Barguelonne) 천을 건너고 잇따라 바흐겔론(Barguelonne) 다리

밑을 지나간다.

그리고는 3km 남짓 거리에서 라마지스테흐 갑문(Écluse de Lamagistère)을 만나게 되고는 이내 운하 건너편 언덕 위에 자리한 성채가 눈길을 끄는데, 이름이 샤또 라바스티드 오흐리악(Château Labastide Orliac)이고, 현재는 와이너리로 활용되고 있는 것으로 검색된다.

이후에도 같은 라마지스테흐*Lamagistère* 지역에 있는 두 다리를 지나게 된다. 먼저 지나는 하스빠히에흐 다리(Pont de Rasparrièrs) 인근에서는 산책 나온 두 견공 중 한 녀석만이 운하에 뛰어들어 물놀이를 한다. 쌍둥이로 보이는 개들이지만 그중 한 녀석만이 유난히 모험을 즐기는 듯 보인다.

그리고 만나게 되는 셍 피에흐 다리(Pont Saint Pierre)에서는 다리 위로 건너가서 운하 건너편 길을 이용해 달리게 된다. 가혼(Garonne) 운하 수변 길은 대체로 한쪽은 풀밭 길이고 다른 한쪽은 아스팔트 포장도로인데, 때때로 포장 여부가 이곳처럼 좌우가 뒤바뀌기도 하기 때문이다. 오후 2시가 가까워 올 무렵, 끌레몽 쑤비헝*Clermont Soubiran* 지역의 라스페흐 다리(Pont de Laspeyres)를 지나는데 툴루즈에서 90km 거리이고 아쟁*Agen*까지 19km 남은 지점이다.

이후 1km 남짓 진행하다 만난 뒤호우 다리(Pont du Durou)를 건너 운하 반대편으로 넘어가서 다시 운하 왼쪽 수변길을 달리게 되고는 오늘 출발 이후 대략 10km 거리에서 노블르 갑문(Écluse du Noble)을 만난다. 사실 이곳에 오기까지 몸이 천근만근이라 중간에 좀 쉴 벤치를 찾아보았으나 발견하지 못하여 어쩔 수 없이 이곳까지 와서는 갑문 앞 철재 작은 폐선(廢船)을 화단으로 조성해 놓은 잔디밭에 누워서 피로를 달래 본다.

　40분가량의 휴식 이후 반대편 길로 이동하기 위해 갑문 위 다리를 통해 반대편 수변 길로 건너는데, 그 직전 옆쪽 넓은 차량도로 로타리에는 툴루즈와 아쟁*Agen* 등의 이정표가 보이고, 그곳에서 횡단보도 신호를 기다리던 한 커플이 필자를 보자 내게 손인사로 반가움을 전한다. 이들 역시 자전거 하이킹을 즐기고 있는 분들로, 아마 자전거 여행객이라는 동질감 때문이었을 것이다.

　15시를 넘어선 시각에 생장 드 투락*St. Jean de Thurac* 지역의 까헤흐 다리(Pont de Carrére)를 경유하고는 15시 15분경 대략 14km 지점에서 생 크리스토프 갑문(Écluse de Saint-Christophe)을 만난다. 이 갑문 관리소는 '자전거를 탄 암탉(La Poule à Vélo, 라 풀 라 벨로)'이라는 이름으로 자전거 여행자를 위한 숙소 지트(Gîte)를 겸하고 있지만, 지금은

비수기라 운영하고 있지 않다.

이후 라폭스*Lafox* 지역의 소베테흐 다리(Pont de Sauveterre: 근위대), 오스떵드 다리(Pont d'Ostande) 등을 지나서는 운하 다리로 세운(Séoune) 천을 건너게 되고, 다시 라폭스*Lafox*와 보에*Boé* 경계 지역에 있는 레스카흐본네흐 다리(Pont de Lescarbonnères)를 지나게 되면서 보에*Boé* 지역에 접어들게 되고, 생 마흐셀 다리(Pont de St. Marcel)도 지나고

연이어 고가도로 밑도 지나고는 16시 15분경 대략 20km 거리의 보에*Boé* 수상 파크(Halte Nautique de Boé)에 이른다. 이곳에서는 썰렁한 분위기의 철 지난 공원 시설보다는 마을 해설판에 시선이 먼저 미친다.

마을 해설판 같은 신선한 로컬 히스토리에 의하면, 가혼(Garonne) 운하가 생기기 전 19세기 전반의 인구 대다수는 뱃사공 선원이었다. 당시 가혼(Garonne) 강이 유일한 상업적 통로였기에 이 강의 보에*Boé* 항구는 언제나 활기에 넘쳐났고, 따라서 선원들은 비교적 순탄한 삶을 영위할 수 있었다. 이곳 선원들은 승객과 지역 생산물을 보르도*Bordeaux*로 나르거나 대서양의 큰 항구에서 승객과 향신료, 소금, 정어리, 대구 등을 실어오는 역할을 했던 것이다. 하지만 1855년 가혼(Garonne) 운하가 개통되고, 보르도*Bordeaux*에서 툴루즈*Toulouse*까지 철도가 건설되면서 보에*Boé* 항구는

빛을 잃기 시작하여 19세기 말에 이르러서는 선원들이 설 자리가 더 이상은 없었다고 한다.

이렇듯 인위적 환경 변화에 따른 부침을 겪은 보에*Boé* 지역을 뒤로하고는 16시 40분 다 된 시각에 이름도 없는 부식된 철제 다리를 지나며 아쟁 *Agen*에 접어들게 된다. 그리고는 곧바로 아쟁 항구(Port d'Agen)에 이르고는 남쪽으로 다리를 건너 아쟁*Agen* 시내로 접어들어 숙소에 체크인하며, 오늘 짧지만 힘들게 느껴졌던 하루 일정을 마친다.

숙소 체크인은 주인에게 전화하여 현관 입구에 있는 키 박스 비밀번호를 확인하여 셀프 체크인하게 되고, 저녁은 인근 평가가 좋은 레스토랑에 전화하여 예약을 시도하지만 이미 풀부킹되었다고 한다. 할 수 없이 예약과 상관없는 아쟁역(Gare d'Agen) 앞에 있는 레스토랑을 찾아가지만, 가격 대비 질이나 맛이 훌륭하지 못하다. 그럼에도 피로도가 높은 날 저녁 식사를 손쉽게 즐길 수 있었던 것 자체만으로도 만족스럽게 여긴다.

화제를 전환해서 이 지역과 관련된 역사적 사실을 다루어 볼까 한다.

아쟁*Agen*은 우리나라로 치면 광역 지자체인 누벨 아키텐*Nouvelle Aquitaine* 헤지옹*Region*에 속해 있고, 과거 또한 아키텐*Aquitaine* 공국 지역이었고, 공국 지역의 주요 도시 중 하나였다.

프랑스와 영국의 왕실 간 족보가 다소 꼬여 있던 시절로 돌아가 보면, 후사가 없던 프랑스왕 샤를 4세 사후 프랑스 왕위 계승 문제를 두고 서로 적통임을 주장하는 프랑스 왕 필립 6세와 영국 왕 에드워드 3세 간에 첨예한 갈등이 최고조에 달하게 된다. 사실 샤를 4세와 필립 6세는 4촌 간인데 반해 샤를 4세와 영국왕 에드워드 3세는 3촌간이었기에 엄밀하게는 에드워드 3세에게 프랑스 왕위 계승권이 있다고 볼 수 있었다. 하지만, 갈등이 고조되자 프랑스가 먼저 자국 내 영국 영토인 아키텐*Aquitaine* 공국 지역 땅을 몰수하게 되고, 이에 영국은 프랑스를 상대로 선전포고를 하면서 해협을 건너 프랑스를 공격하여 시작되는 양국 간 전쟁이 바로 그 유명한 백년전쟁(1337~1453년)이다.

아키텐Aquitaine 공국이 영국 영토가 된 과정을 살펴 보면, 아키텐 Aquitaine 공국을 부친에게 물려받은 상속녀 엘레오노르 여 공작이 프랑스 왕 루이 7세와 결혼하여 왕비가 된다. 그대로 잘 살았으면 훗날 아무런 문제가 안 되었겠지만, 짧은 혼인 생활을 끝내고 이혼한 후에 하필이면 영국 국왕 헨리 2세와 재혼한 것이었다. 이렇게 아키텐Aquitaine 여 공작이 영국의 왕비가 되었기에 아키텐 Aquitaine 공국의 영토 역시 자연스럽게 영국의 영토로 넘어갔었던 것이었다.

백년전쟁 당시 이 지역은 영국에 협조적이었고, 그 이전 8세기 사라센족이 아키텐까지 점령했을 때 또한 이슬람 세력에 협조적이었다고

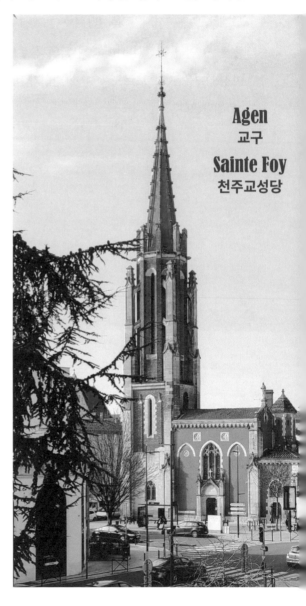

Agen 교구
Sainte Foy 천주교성당

하는 만큼 프랑스 내에서 다소 이질적인 성격의 지방 같기도 한데, 아마도 국가라는 개념이 생기기 이전이었기 때문일 듯하다.

　참고로 프랑스에는 광역지자체 같은 13개의 헤지옹*Region*으로 구성되어 있는데, 지나온 미디(Midi) 운하 지역을 포함하여 툴루즈*Toulouse*를 지나 몽테크*Montech*까지가 옥시타니*Occitanie* 헤지옹*Region*에 해당되고, 몽테크*Montech* 인근 타흔(Tarn) 강 유역의 몽토방*Montauban* 부터 서쪽으로 여기 아쟁*Agen*을 지나 보르도*Bordeaux*까지가 바로 아키텐 헤지옹*Aquitaine Region*에 해당된다.

Day 13,

관광 비수기라서 숙소 구하기가 어려워
두 번째 야영을 하게 되다

Agen ~ Lagruère
Day 13 47.21km
누적 거리 470.72km

지난 10월, 비아로나*ViaRhôna* 자전거 여행 마지막 날에는 아
비뇽*Avignon*에서 지중해까지 112km 를 지치지 않고 줄달음쳐
서 목적지인 뽀흐 셍 루이 뒤 혼*Pont-Saint-Louis-du-Rhône*의 나폴
레옹 해변에 다다른 바가 있다. (http://trgg.kr/t/M4HXkn)

그런가 하면, 툴루즈*Toulouse*를 출발하여 중간 기착지 몽테
크*Montech*, 골패시*Golfech*를 들러서 다다른 아쟁*Agen*까지의 거리 역시 이
와 비슷한 약 110km 전후 정도이다. (참고, 비아로나(ViaRhôna) 자전거 길:
http://en.viarhona.com/)

이는 같은 거리를 소화하는데 3배가량 시간이 소요된 셈이면서 체력

Pont-Canal d'Agen

Pont-Canal d'Agen

Écluse d'Agen

은 체력대로 고갈되어 몸은 몸대로 정상이 아니다. 온몸이 쑤시고 근육이 뭉쳐있다. 분명 이번 자전거 여행 중 이제까지 필자가 자신을 관리함에 있어서 분명 문제가 있었던 것 같다. 앞으로는 여행 중간중간에 쉬는 것 못지않게 몸을 풀며 스트레칭해 주는 것이 요구되는 듯하다. 다행히 간밤에 숙면을 취해 비교적 많이 회복된 컨디션으로 여정을 이어간다. 아쟁

Agen 역 다리를 건너 다시 가혼(Garonne) 운하 길에 접어드니 12시가 거의 다 되어 가는데, 이내 아쟁 운하 다리(Pont-Canal d'Agen)를 통해 가혼(Garonne) 강을 건너고 아쟁 갑문(Écluse d'Agen), 마히아넷 갑문(Écluse de Marianette), 샤브리에흐 갑문(Écluse de Chabrières), 호젯 갑문(Écluse de Rosette)을 잇따라 지난다. 방금 지나온 아쟁 운하 다리(Pont-Canal D'Agen)는 23개의 아치 교각, 길이 580m, 폭 12.50m이고, 다리 위 돌 수조를 지나는 운하는 폭이 8.5m, 깊이 2.5m로, 1843년에야 완공되면서 비로소 지중해와 대서양이 운하로 온전히 연결된 것이다.

자전거길 이정표

아쟁 운하 다리(Pont-Canal D'Agen) 이후 가혼(Garonne) 운하 37번째 갑문인 호젯 갑문(Écluse de Rosette)까지는 약 2km 거리로 직선화되어있고 자전거길과 나란히 녹지공간도 자리잡고 있어 산보하기에 호젓한 멋진 길이지만, 자전거 길과 산보 길 구분은 없다. 필자가 현재 진행 중인 테마 길, 'le Canal des 2 Mers à Vélo'를 풀이하자면, Canal은 운하를 의미하고, 2 Mers는 두 바다, 즉 지중해와 대서양을 의미하며, 'à Vélo'는 '자전거를 이용하여'를 의미하기에. 'le Canal des 2 Mers à Vélo'는 '지중해에서 대서양까지 미디(Midi) 운하와 가혼(Garonne) 운하 따라 달리는 자전거 여행'이라는 의미를 함축하고 있는 명사구라 하겠다.

이후 르 파사지 *Le Passage* 지역의 프헤조니 다리 (Pont de Fresonis)와 노디지에 다리(Pont de Nodigier)를 지나게 되는데, 출발 이후 약 7km 거리를 달려온 것으로, 12시 30

분을 좀 넘어서고 있다.

　이웃 지역 쌍트–콜롱브–엉–브휘루아
*Sainte-Colombe-en-Bruilhois*의 코로메 다리
(Pont de Colomay)를 지나면서 사과 과수
원들을 만나게 되는데, 수확되지않고 방치
된 사과들의 수량이 엄청나다. 바닥에 낙
과가 지천으로 떨어져 있고, 여전히 수확되지 않아 가지에 달려 있는 수량
도 엄청나다. 착즙하여 주스나 사과 와인을 만들어도 좋을 것이기에 내것
처럼이나 아깝게 여겨진다.

　프랑스 사과나무의 경우는 우리나라 사과나무 개량종에 비해서도 갸냘
픈 가지에 더 많은 사과들이 다닥다닥 열려 있는 모습이라 영양 가치는
상대적으로 부족할 듯 보이는데, 조수로부터 피해를 막기 위해 사과과수
전체를 덮을 수 있는 그물망 시설을 갖추고 있어 인상적이다. 과수원에 내
려가서 확인해 본 사과 품종은 노란 빛깔의 Golden 과 붉은 빛깔의 Pink
Lady이다. Pink Lady는 필자가 좋아하는 품종으로, 조직이 치밀하고 산
미와 단맛이 강하여 우리나라 부사보다 맛이 강렬하다. 가격 역시 유럽
사과 중에서 최고로 비싼 편임에도 우리나라 사과 가격의 1/3~1/4 정도
에 불과할 정도로 저렴한 편이다.

　13시경, 이미 세히냑–쉬르–가혼*Sérignac-sur-Garonne* 지역에 접어들어서
프레정스 다리(Pont de Plaisance: 기쁨), 시코 다리(Pont de Chicot: 그루터기)
등을 지나게 되고 그 과정에서 인상적인 농가 저택이나 민박집(Chambres
d'Hôtes, 셩브흐 도뜨) 등도 만난다. 그리고는 세히냑–쉬르–가혼*Sérignac-sur-*
Garonne 항구에 이르러 따사로운 일광을 즐기며 30분 남짓 휴식의 여유를
갖는데, 그곳에 자리한 관광 안내판에 의하면 세히냑–쉬르–가혼*Sérignac-*

*sur-Garonne*은 고대 로마 야영 유적지에 생겨난 중세 마을로, 마을 이름 세히냑(Sérignac)도 로마 백부장(Centurion)의 이름인 세레누스(Sérénus)에서 유래되었다고 한다.

Sérignac-sur-Garonne

14시 넘어서면서 몽테스키외 *Montesquieu* 지역으로 들어서서 마돈느 다리(Pont de Madonne), 프헤시 다리(Pont de Frèche)들을 지나게 되고 그리고 바로 이웃 지역 브휴슈*Bruch*로 넘어가서는 푸냔느 다리(Pont de la Pougnane)와 빠즈 다리(Pont de Page)를 차례로 지나 로비뇽 갑문(Écluse de l'Auvignon)에 이르게 되는데, 대략 19km 거리이고 14시 30분경이다.

이후 브휴슈*Bruch* 지역의 생 마흐땅 다리(Pont de Saint Martin)를 지나

면서는 푸가홀*Feugarolles*
지역에 접어들게 되어 토
마 다리(Pont de Thomas),
까스펠베일 다리(Pont de
Castelbeil), 푸가홀 다리
(Pont de Feugarolles), 뚜아
흐 다리(Pont de Thouars)
등을 지나게 되고, 규모가

크지 않은 라 바이즈 운하 다리(Pont-Canal de la Baïse)를 통해 바이즈 천
(la Baïse)을 건너게 된다. 이때가 26km 거리를 지난 지점으로 15시를 좀
넘어서고 있다.

바이즈 천(la Baïse)을 건너서는 바이스 갑문(Écluse de Baïse)과 라흐더레
갑문(Écluse de Larderet)을 연이어 지나는데 두 갑문이 마치 2단 도크를
운영하는 하나의 갑문처럼 가깝다. 라흐더레(Larderet) 갑문 옆에 자전거
길 안내 표지판과 이정표가 있는데 Canal des 2 Mers à Vélo 안내판과
보르도*Bordeaux*와 툴루즈*Toulouse*

이정표 등이다. 두 거점 도시는 반
대 방향으로 거리가 각각 168km,
133km인 만큼, 두 시간 거리는
301km로 계산된다.

이후 15시 30분경, 데썽 바이즈
갑문(Écluse de Descente en Baïse)
에 이르러 바로 갑문 건너편 보트
섬(L'Île aux bateaux, 릴 로 바토) 쉼

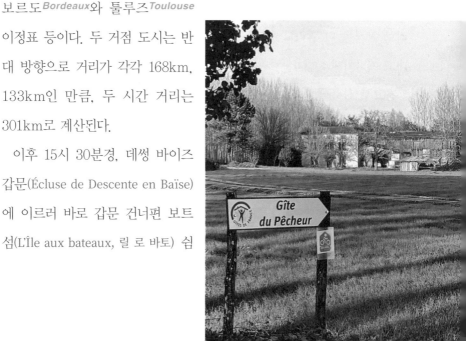

터에서 휴식과 함께 요기를 좀 한다. 30분가량 쉬고 이곳을 벗어나면서 살펴 보니 이곳 지형이 바이즈(Baïse) 강과 가혼(Garonne) 운하에 의해 마치 반도처럼 3면이 둘러싸여 있는 형태로 뷰제/발 달브레 항(Port de Buzet/Val d'Albret)과 오토 캠핑장 등도 이곳에 자리하고 있다.

뷰제(Buzet) 항구 유원지를 벗어나 뷰제 슈흐 바이즈*Buzet sur Baïse*지역의 뷰헝크 다리(Pont de Burenque)와 생 피에흐드 뷰제(Saint Pierre de Buzet)지역의 두우 다리(Pont du Doux) 등을 수분 이내 차례로 지나고는 지트 뒤 페슈어(Gîte du Pêcheur, 어부의 오두막) 안내판을 만난다. 일종의 민박집으로, 이때가 16시 40분이고, 33km 거리로 아직은 더 달리고 싶기도 하고 비시즌이라 운영도 안 할 것 같아 그대로 지나치게 된다.

참고로 산중에 있는 산장은 일반적으로 허퓌즈(Refuge), 샬레(Chalet)라고 표현 하는 데 반해 자전거 길에서 만나는 민박 숙소는 지트(Gîte)라고 불리고, 일반 여행객들이 마을에서 이용하는 개인실 민박집은 셩브흐 도뜨(Chambres d'Hôtes)라고 통칭된다.

이후 다마정*Damazan* 마을에 접어들어 다마정 항구(Port de Damazan)를 지나고 롱피엉 다리(Pont de Lompian)를 건너 푸시 다저네*Puch d'Agenais* 지

역의 베히 갑문(Écluse de Berry)에 이르는 데 대략 38km 거리이고, 이때가 17시 15분경이다. 그리고 다시 푸시 다저네 *Puch d'Agenais* 지역의 모랭 항구(Pont de Morin), 비뇨 다리(Pont de Vigneau), 모뇌르 다리(Pont de Monheurt), 라 팔로트 다리(Pont de la Falotte)들을 지나 골 갑문(Écluse de la Gaule)에 이르게 되는데, 무엇보다 이 갑문소는 레스토랑(La Chope et Le Pichet 라 숍 에 르 피쉐) 운영도 겸하고 있다. 다만, 지금은 비수기라서 휴업 중이다. 이렇듯 대체로 가족 경영을 하는 갑문 관리소는 민박(Chambres d'Hôtes, 셩브흐 도뜨)이나 카페 또는 레스토랑을 부업으로 하는 곳들이 적잖다. 그리고 지나온 운하 길 중 모뇌르 다리(Pont de Monheurt)를 지나면서 접한 플라타너스 가로수길이 가혼(Garonne) 운하 길을 대표하는 상징적인 길같이 아름답다.

라골(la Gaule) 갑문 이후 수분 이내 빌통*Villeton* 마을의 라바흐트 다리(Pont de Labarthe)를 지나는데 마을 뒤로 석양 노을이 짙게 물들어 가고 그사이에 골렛 갑문(Écluse de la Gaulette)에 다다른다. 대략 45km 거리이고, 18시 10분가량이다. 오늘 구간은 숙소 구하기 쉽지 않은 지역들이다.

숙소를 구하기 위해서는 루트에서 많이 벗어나야 하기에 그보다는 차라리 적당한 곳을 찾아 야영할 것을 염두하고 있었다.

이런 상황에서 라그휘에흐 *Lagruère* 지역의 장세흐 다리(Pont Jeanserre)를 지나 작은 공원(Parc Retour aux Sources, 빠흐크 흐뚜흐오 쑤흑쓰)에 접어들게 되면서 그곳에 내부가 텅 비어있는 레스토랑바(Meilleur bar, 메이유 바 / resto du fleuve, 헤스토 뒤 프루브)를 발견하게 되는데, 필자에게만큼은 남다른 곳으로 여겨진다. 그곳 레스토랑바 실외는 나무 데크가 설치되어 있고, 데크 위로는 건물 처마가 드리워져 있어 텐트 치기에 최적이 아닐 수 없다. 운하 쪽 데크 벽면에는 유람선용 전기 콘센트까지 있으니 무료 야영지로 이보다 좋을 수는 없다.

Day 14,

(2022. 02. 14.)

라그휘에호 Lagruère ~ 퐁테 Fontet

온종일 비 내리는 날
유독 홍수가 많은 분지 지형의 아키텐 지역을 달려서
Gironde 주에 들어서다

Lagruère ~ Fontet
Day 14 32.65km
누적 거리 503.37km

아침 기상 시에는 햇살이 하루를 열
어주었지만, 간밤에는 이미 간헐적으로 비가 내렸
다. 아침 식사 후 짐을 꾸리는 동안 몰려온 먹구
름에 의해 갑자기 어두워진 하늘에서 비를 좀 뿌
리는 듯하다가 막상 떠날 즈음에는 다행히 비가
그치지만, 이는 분명 변화무쌍할 오늘 하루 날씨
를 예고해 주는 듯하다.

아무튼, 날씨가 심상치 않은 분위기 속에 출발

시간 역시 11시 10여 분으로 다소 늦어진다. 라그휘에흐 *Lagruère* 를 벗어나기 전에 라그휘에흐 *Lagruère* 다리를 거쳐서 마스–다저네 항(Port du Mas-d'Agenais) 직전에 가혼(Garonne) 강에 놓인 가혼 대교(Pont sur la Garonne) 밑을 먼저 지나고는 마스–다저네(Mas-d'Agenais) 항과 마스(Mas) 갑문을 연이어 만나게 되는데, 가혼 (Garonne) 운하 총 53개의 갑문 중 벌써 44번째 갑문이다.

11시 50분 좀 넘어서 마스–다저네*Mas-d'Agenais* 지역의 라히보 다리 (Pont de Larriveau) 밑을 지나는데 가혼(Garonne) 운하 193km 중 이미 157km 거리이고, 마스–다저네*Mas-d'Agenais* 마을을 채 벗어나기 전 규모가 상당히 큰 인상적인 농가 대저택을 바라보며 지어졌을 당시 대저택의 본래 용도가 궁금해진다.

이후 12시를 좀 넘어서는 시각에 심상치 않던 하늘에서 결국 비를 뿌리기 시작한다. 피할 곳이 없어 오로지 달려야 한다. 꼬

몽–슈흐–가혼*Caumont-sur-Garonne* 지역에서 라호크 다리(Pont de Larroque)
와 꼬몽 다리(Pont de Caumont)들을 만나지만, 하필 두 다리 모두 다리 밑
으로 길이 없고 다리를 타고 넘어야 하는 작은 다리라서 마찬가지로 비를
피할 곳이 없다.

　나야 비 좀 맞아도 상관없지만 짐 가방들이 오래 비를 맞으면 침낭 등
이 젖어 문제가 될 수 있다. 따라서 일단 비를 피하기 위해 운하 길을 잠
시 빗어나 꼬몽(Caumont) 다리를 건너 마을로 들어간다. 이내 집 마당에
처마가 있는 주택이 보여 뛰어들어가 복장과 짐 가방, 배낭들 모두 방수
모드로 급전환하고는 사진 하나를 남겨 보는데, 집주인이 창문 너머로 엄
지척하는 모습이 삼각대 놓고 찍은 셀카에 잡혀 웃음짓게 해준다.
　우비 모드로 전환하고는 12시 40분경 다시 비 걱정 없이 여행을 이어가

게 되면서 푸흐크–슈흐–가횬*Fourques-sur-Garonne* 지역에 접어들어 푸흐크 교회 다리(Pont de l'Eglise de Fourques)와 푸흐크 다리(Pont de Fourques), 그리고 마헤스코 다리(Pont de Marescot) 등을 지나게 되는데 이곳은 유난히 홍수와 산사태 등 재난이 많았던 곳으로 알려져 있다.

가횬 강 유역에는 크게 3가지 유형의 홍수 범람이 있다고 한다. 그 첫 번째는 주로 봄에 북서풍에 의해 피레네 산맥 사면에 퍼붓는 강우에 의해 만들어진 급류로 인해서 이고, 두 번째는 남서풍을 동반한 지중해성 호우가 세벤느 국립공원(Parc National des Cevennes)과 마씨프 썽뜨할(Massif Central) 산맥, 그리고 몽따뉴 느와르*Montagnue Noire* 등 산악 지역에 집중될 때 가횬 강 수계로 빗물이 유입되면서 초래되는 홍수이며, 세 번째는 겨울에 비가 많이 내려 아키텐 분지 지형에 물이 가득해진 상황에서 추가적인 비가 지속될 때 바다 만조와 맞물려 가횬 강과 지류가 범람하여 하류 지역이 겪게 되는 홍수 등이다.

여행을 다니다 보면 각 지역에 설치되어 있는 지역 안내판 덕분에 각 지역의 역사와 문화 또는 이처럼 기후까지도 접하게 되어 그 지역민 삶에 대한 이해에 더욱 접근할 수 있게 된다. 여행을 보다 의미 있고 흥미롭게 해주는 부분이라 할 것이다.

이어서 13시 20분경, 아름다운 사브르 다리 항구(Port du Pont des Sables)를 지나고는 곧이어 흥미로운 광경을 목격한다. 운하 미관을 위해 잡목들을 정리하고 있는 모습이었는데, 중장비 기계손이 마치 포식자처럼 잡목들을 닥치는 대로 갈아 마시는 것처럼 보인다.

그리고는 라벙스 갑문(Écluse de l'Avance)에 다다르는데 13시 30분경이고 14km 남짓 거리이다. 이후 몽쀠엉*Montpouillan* 지역에 들어서서 라후키에흐 다리(Pont de Larouquière)와 헨느 다리 (Pont de Rayne)를 지날 무렵 농가 대저택 뜰에서 풀을 뜯고 있는 말의 모습이 그림 같은 모습을 연출해주고 있다.

14시가 거의 되갈 무렵에는 마르세유*Marcellus* 지역의 마르세유 다리(Pont de Marcellus)와 껑포 다리(Pont de Campot)를 지나게 되면서 Garonne 운하의 랜드마크 같은 구조물을 만나게 되는데, 알고 보니 단지 농업용수관에 불과하다. 하지만 이의 미적 외관을 위해 먼저 예술 문화적 풍경 증진을 위한 협력 프로젝트를 수립하여 이러한 프로젝트 사업의 일환으로 만들어졌다고 한다.

4시 20분경에는 베흐네 갑문(Écluse des Bcrnès)을 지나는데, 가흔(Garonne) 운하 갑문들 대부분이 그러하듯 1단 도크만을 운영하고 있는 평범한 갑문이다. 이후 메얀–슈흐–가흔*Meihan-sur-Garonne* 지역으로 이어지며 일반 대저택 같은 모습의 테흐사크

(Tersac) 사립학교와 테흐사크 나리(Pont de Tersac), 그리고 껑티스 다리(Pont de Cantis)들을 잇따라 지나게 되고는 그하비에흐 갑문소(Écluse des Gravières)를 만나는데, 2시 40분경이고 23km 거리가 다 되어가는 지점이다.

배를 좀 채우기 위해 메얀−슈흐−가혼 *Meihan-sur-Garonne* 마을에 들어서는데 마침 운하변 초입에 레스토랑 라 타블레 구흐멍(La Tablée Gourmande)이 있다. 이미 시간이 늦어 오늘의 요리(Plat du Jour, 쁘라 뒤 쥬흐) 같은 정식 세트(Set) 메뉴는 끝났지만, 다행히도 필자가 원하는 등심 스테이크(Entrecôte, 엉뜨헤꼬뜨)는 가능하다고 하여 다소 늦은 점심을 즐기게 된다. 이제 고기 먹는 양이 제법 늘어 280g 정도는 그린샐러드와 함께 가볍게 해치운다.

Lot-et-Garonne
Departement
이 끝나고

Gironde
Departement
이 시작되는 지점

식사를 마칠 즈음에는 빗줄기가 더 굵어져 있다. 16시가 이미 좀 넘어선 시각이고 날씨 상황도 안 좋아 숙소 문제를 해결하고 출발해야 한다. 싼 곳은 여행 경로에서 아주 많이 벗어나 있어 가격은 비싸지만 비교적 경로에서 가까운 민박집을 선택하여 예약해 놓는다.

숙소 문제를 해결하여 가벼운 마음으로 레스토랑을 나서서 메얀−슈흐−가혼(Meihan-sur-Garonne) 지역의 마지막 다리 피넨 다리(Pont de Pinayne)를 지나 16시 30분을 넘어선 시각에 이웃 동네인 위흐(Hure) 구역으로 들어서게 되는데, 로-테-가혼(Lot-et-Garonne) 데파르망(주)에서 지롱드(Gironde) 데파르망으로 넘어간 것이다. 물론 같은 아키텐(Aquitaine) 레지옹(Region)에 있는 이웃 데파르망(Départemant)이다.

여기서 낯익은 지롱드(Gironde)를 짚고 넘어가려 한다. 프랑스 혁명 당시 개혁 세력의 대표적인 정당에는 급진적 개혁를 대표하는 자코뱅과 온건한 개혁 성향의 지롱드 두 당이 있었다. 바로 온건한 개혁 정당으로 우파였던 지롱드당은 중앙당사를 지롱드에 두고 지롱드를 지역 기반으로 삼았기 때문에 지롱드당으로 불렸던 것이다. 덧붙이면, 필자가 향하고 있는 보르도(Bordeaux)가 바로 아키텐(Aquitaine) 레지옹의 주도이자 지롱드(Gironde) 데파르망의 주도인 것이다. 프랑스 와인의 원산지 통제 명칭(Apellation d'origine controlee) 규정에 따르면, 아키텐(Aquitaine) 레지옹 중 지롱드(Gironde) 데파르망부터 생산되는 와인만 보르도(Bordeaux) 와인이라는 명칭을 사용할 수 있다고 한다.

Port de Montet

이무튼, 서둘러 지롱드(Gironde)의 위흐(Hure) 지역과 마을에 있는 여러 다리와 로히올 갑문소(Écluse de l'Auriole)을 지나서 예약한 숙소가 있는 퐁테(Fontet) 지역으로 접어들게 되어 퐁테 항구(Port de Fontet) 주변 공원을 지나 거의 17시 30분이 거의 되어 가는 시각에 숙소 르 클로 다니(Le Clos d'Any) 민박집(Chambres d'Hôtes) 에 이르게 된다.

아침까지 주는 Bed & Breakfast 민박집이다. 넓은 정원과 수영장도 갖추고 있는 대저택으로 미디(Midi) 운하 마을 빠하자(Paraza)를 경유할 때 경험했던 쉬바낭비야(Schwanenvilla) 숙소와 비슷한 유형이라 할 텐데 당시는 저녁과 아침까지 포함해서 77유로 였던 반면에 이곳은 아침만 포함하여 70유로이다.

필자가 사용하는 방 진열장 선반에는 부처님 석상이 자리한 모습이 더 이상은 낯설게 느껴지지 않는다. 이미 몇 차례 경험했기 때문이다. 또한, 집 마당에 있는 현대 차량은 한국에 어학연수 다녀온 호스트 따님이 사용하는 차량이라고 한다. 이렇듯 서구사회에서 동양 문화에 대한 관심도가 점차 높아지고 있고, 한국과의 연관성 역시 날로 커지고 있다.

아무튼, 여행 중 다양한 형태의 숙소를 경험하면서 현지 생활 문화를 접해보는 것 역시 여행에 있어 흥미로운 부분 중 하나라 할 것이다.

Day 15,

(2022. 02. 15.)

퐁테 Fontet ~ 생 마께흐 Saint Macaire

이스탄불을 출발하여
7,500km 거리의 산티아고 순례길을 걷고 있는
청년을 만나다

Fontets ~ Saint-Macaire
Day 15 27.96km
누적 거리 531.33km

쾌적한 환경의 잘 꾸며진 민박집에서 제공하는 비교적 평범한 아침 식사까지 마치고 11시 남짓 되어 여행을 이어가는데, 밤새 비를 내리고도 언제라도 다시 비를 뿌릴 준비가 되어 있는 하늘의 모습이다.

가혼(Garonne) 운하로 돌아와 퐁테(Fontet) 항, 바헤(Barret) 다리, 퐁테(Fontet)

다리 등을 지나서 퐁테 갑문(Écluse de Fontet)에 이르게 되니 11시 15분 가량이다.

퐁테(Fontet) 갑문 이후 운하 건너편 길을 달리게 되는데, 결국 하늘이 준비된 비를 뿌리지만 필자는 아직 준비가 안 되어 있다. 루삐악 드 라 헤올르 *Loupiac de la Réole* 지역의 루삐악(Loupiac) 다리와 퓌바흐벙*Puybarban* 지역의 그하비야(Gravilla) 다리를 지나도록 비를 피할 곳이 없어 운하 자전거 길을 벗어나 농가 창고를 찾아 들어가서야 다시 방수 모드로 전환하게 된다.

다시 운하 길로 돌아와 퓌바흐벙*Puybarban* 지역의 어느 수상 스포츠 동호회(sport Nautique Langonnaise) 건물을 지나는데, 동호회 건물 전면에 조정 보트가 장식처럼 걸려 있는 모습이 이색적이다.

이후 바싼느 갑문(Écluse de Bassanne)에 이를 즈음 이미 비는 다시 그쳐있고, 갑문 관리소 맞은 편 필자가 쉬는 곳에는 'Écluse 50' 휴게소가 있지만, 필자와 또 다른 나그네 청년,

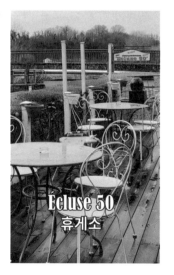

객손 단 2명만 있을 뿐 주인은 없다. 휴업중이기 때문으로 비수기의 공통적인 현상이다. 휴게소 이름 'Écluse 50'은 이곳 갑문이 50번째임을 말해 주고 있다 하겠다.

필자가 도착할 무렵 산더미만 한 배낭을 짊어지고 떠나려던 이 청년은 필자를 보고는 배낭을 내려놓고 다시 벤치에 앉으며 궐연을 종이에 말아 입에 피워 문다.

이 청년의 청체가 궁금해지지 않을 수 없어 던진 질문에 대한 답변에 화들짝 놀라지 않을 수 없다. 27세에 불과한 영국 청년으로 전년 6월 터키 이스탄불을 출발한 산티아고 순례자라면서 이곳까지 250일 정도 걸렸다고 한다. 산티아고까지 총 7,500km 중 이미 대략 6,500km가량 온 셈이고, 목적지에는 국경 생−쟝−삐에−드−뽀흐 Saint-Jean-Pied-de-Port를 거쳐서 3월 말경에 도달할 것 같다고 한다.

무엇이 이 청년을 이렇게 상상하기 어려운 수행을 하게 하는지 모르겠지만, 분명 이 청년은 치열한 경쟁을 통한 외형적 성공과 물질을 추구하는 삶보다는 자신만의 내적 삶을 추구하는 청년 같다는 생각이 들었다.

필자에게 행운을 빌어 주며 먼저 떠나는 청년을 잠시 불러 세워 우리나라 담배 한 갑이라도 전해 주는 것으로 격려의 메시지를 대신해 주었다. 혹 산티아고에서 재회할 인연이 될지도 모르겠다 싶다. 2월 말경 파리에서 재외국민 투표를 한 후에 산티아고 순례길에 나설 계획이기 때문이다.

그나저나 요즘 우리나라 경우 유년 시설에는 선행학습으로, 청소년 시절에는 치열한 입시와 취업 경쟁으로, 중년에는 자녀 사교육과 내 집 마련, 장년에는 자녀 혼사와 노후 대책 등처럼 자유롭고 여유로운 것과는 동떨어진 삶을 살아가거나 각박한 경쟁사회가 요구하는 규격화된 삶에 휩쓸리며 정작 자기 자신을 잃어가는 삶을 살아가고 있는 것은 아닌가 하는 안타까운 생각이 든다.

여행을 이어가며 까스떼-에-가스띠용*Castets-et-Castillon* 지역을 지나며
농경지에 긴 날개를 가진 비행체 뼈대와 비슷한 모습의 농기구를 멀리서
만난다. 이미 몇 차례 본 적이 있어 친숙한 모습인데, 날개의 길이가 경작

Pont
Metallique
de
Castets-en-Dorthe

지의 폭만큼이나 길다. 아마도 생산성
이 높은 프랑스 선진 농업의 핵심이 아
닐까 싶다. 이 농기구 접지 면에는 바
퀴가 있어 광활한 경작지 앞뒤로 오가
며 손쉽게 씨를 뿌리고 물을 주고 영양
물질이나 방충 물질들을 손쉽게 살포한
다. 까스테 엉 도흐뜨*Castets en Dorthe* 지
역에 접어들어 12시 50분 좀 넘은 시
각 12.5km 거리에서 마제학 항(Port de
Mazérac)에 이어 마제학 갑문(Écluse de
Mazérac)에 이른다.

그리고는 까스테−정−도흐뜨 항구(Port de Castets-en-Dorthe)에 맞닿아 있는 가흐 갑문소(Écluse des Gares)가 지적이고, 그리고 가흔(Garonne) 운하 53번째 마지막 갑문 까스떼 갑문(Écluse de Castets) 또한 연이어 있다.

결국 13시 좀 넘어선 시각에 까스떼 갑문소(Écluse de Castets)에서 툴루즈 *Toulouse*로부터 193km 거리를 이어온 가흔 운하(Canal Lateral à la Garonne) 자전거 여행을 매듭짓게 된 것이다.

이렇게 가흔 운하가 끝나고 가흔 강을 만나는 곳 지근거리에는 까스테엉 도흐뜨 철교(Pont Metaliique de Castets-en-Dorthe)가 놓여 있어 이곳에서는 가흔 운하 마지막 갑문을 살펴 조망하기 좋다. 또한 철교 뒷편 힐탑에는 아멜 성채(Château du Hamel)가 제일 높은 곳에서 철교와 갑문 일대를 굽어 살피듯 자리하고 있다.

성채를 올라가 보는 대신에 웹사이트(www.gironde-tourisme.com)를 통해 검색한 바에 의하면, 가흔(Garonne)강이 내려다보이는 언덕 위 아멜 성채(Château du Hamel)의 자리는 12세기부터 이 지역을 장악하는 데 있어 전략상 절대적으로 중요한 곳으로 부상했다. 따라서 까스떼(Castets)의 영주들은 이후 이곳을 전략적으로 차지해 왔는데, 그러다가 1314년에는 교황 클레멘스 5세의 조카 중 한 명인 레이몬드 길엠 드 고트(Raymond Guilhem de Got)가 이곳의 영주가 되어서는 에드워드 2세의 승인을 받아 힐탑에 성을 건설하게 되었다. 그 후 이곳 성채의 주인은 여러 차례 손이 바뀌었고, 마침내 샤를 뒤 아멜(Charles du Hamel)이 1697년에 영주가 되면서 성의 이름이 그의 이름을 따서 오늘날 이름인 아멜 성채(Château du Hamel)가 되었고, 이 성은 16세기, 17세기, 19세기에 걸쳐 여러 차례 업그레이드되었다고 한다.

앞에서 언급된 것처럼 아멜 성채가 건설될 때 이웃 나라 영국 왕인 에드

Château du Hamel

워드 2세에 의해 승인이 되었다고 의아해할
수도 있을 것이다. 이는 영국 왕이 이 지역
을 포함하는 아키텐*Aquitaine* 지방의 공작을
겸하고 있었기 때문인데, 이 또한 아키텐 여
공작인 엘레오노르가 영국 왕 헨리 2세와
결혼하면서 아키텐 지방이 영국 영토가 되
었기 때문이다. 따라서 그 이후 리처드 1세,
존, 헨리 3세, 에드워드 1세, 에드워드 2세, 에드워드 3세 등의 영국 국왕이
당연히 아키텐 공작 지위를 겸해왔다. 그러다가 샤를 4세 사후 프랑스 왕위
계승권을 놓고 프랑스 왕 필리프 6세와 영국 왕 에드워드 3세 간의 갈등이
첨예화될 때, 프랑스가 아키텐 지역을 몰수하게 되었고, 이에 영국은 무력
으로 대응함으로써 백년전쟁이 발발하기에 이르렀던 것이다.

각설하고, 자전거 여행으로 돌
아와서, 사실 필자는 당연히 가
혼(Garonne) 운하 길이 보르도
*Bordeaux*까지 지속될 것으로 알
았다. 하지만, 보르도*Bordeaux*까
지 60km가량을 앞두고 있는 이
곳 까스때-정-도흐뜨*Castets-en-*
*Dorthe*에서 가혼(Garonne) 강과 연결되며 운하가 끝나서 다소 황당하고 당
혹스럽다. 따라서 이곳부터 보르도*Bordeaux*까지 어떤 루트로 진행해야 할지
확인하기 위해 현재 진행 중인 'le Canal des 2 Mers à Vélo'라는 테마 자전
거 길의 해당 사이트(https://en.canaldes2mersavelo.com/)를 살펴보고는 더
욱 당혹스러워진다.

해당 사이트 정규 코스는 필자가 오늘 일정을 시작한 퐁테*Fontets*에서 부터 이미 운하 길를 벗어나 있다. 그것도 가혼(Garonne) 강을 건너 카혼 (Garonne) 강과 더욱 멀어진 강북 내륙 길을 통해 보르도*Bordeaux*로 입성 하게 되는 루트인 것이다. 따라서, 정규 코스와 필자의 현 위치 간에는 남 북으로 20km 이상의 거리가 어긋나 있는 것으로 짐작된다.

앞으로 대략 60km 거리 안팎의 보르도*Bordeaux*까지는 무난한 길들을 찾아내어 임의대로 가느냐 아니면 중간에라도 해당 사이트가 소개해 주 는 테마 길로 합류하여 보르도*Bordeaux*에 입성하느냐가 선택으로 남아 있 다. 이는 거리나 소요 시간보다는 어느 선택이 더 많은 볼거리를 제공해 주느냐에 따라 결정하려고 하는데, 일단은 비도 계속 오락가락하고 있어 일단은 휴식을 취하며 먼저 숙소부터 알아보고 나서 행로를 결정해야 할 상황인 듯하다. 짐작하건대 볼거리는 정규 코스가 당연히 더 많을 것이다.

하지만, 정규코스가 지나는 주요 마을에 숙박 가능한 숙소들이 확인되지 않는다. 따라서, 불가피하게도 가혼(Garonne) 강 남쪽으로 가장 큰 마을인 렁공 *Langon*으로 향한다.

렁공*Langon*으로 향하는 시골 길가 곳곳에 필자의 시선을 잡아끄는 나무들이 놀랍게도 빈번히 반복된다. 아무리 다시 봐도 정녕 겨우살이가 분명하다. 우리나라에서는 높고 깊은 산중에

Hôtel de Ville
de Langon

서나 귀하게 만날 수 있는 기생 식물인 것인데, 이곳에서는 인간들 거주지 인접한 곳에서 쉽게 발견되는 것이다. 우리가 알고 있는 겨우살이처럼 유럽의 겨우살이도 항암 효과가 뛰어난지는 아직 판단하기 이르다.

14시 30분경에 당도한 렁공*Langon*은 마을이라기보다 잘 정돈된 소도시라는 표현이 적합할 정도의 규모로 주와 지현(Sous-Préfecture)의 소재지이다. 시내 중심지 로터리와 시청사, 그리고 장로회(Presbytère, 플레스비테흐) 천주교 성당 등이 대체로 인상적이다. 렁공*Langon*이 확실히 도시임을 확인케 해주는 것은 시청의 불어 명칭이다. 작은 마을의 시청은 메히(Mairie)라고 하는 데 반해 도시 규모 이상의 시청은 오텔 드 빌(Hôtel de Ville)이라고 불리는데, 이곳의 시청은 분명 오텔 드 빌 드 렁공(Hôtel de Ville de Langon)인 것이다. 프랑스 시청사 현관 발코니 위 오텔 드 빌(Hôtel de Ville) 현판 위에는 리베르테(Liberté), 에갈리테(Égalité), 프래터니테(Fraternité), 즉 '자유', '평등', '우애'라는 프랑스 국가 표어가 새겨져 있다. 이들 표어는 분명 프랑스 대혁명의 산물일 것이다.

잠시 들른 대형 마트에서 필요한 먹거리를 장만하면서 숙소도 검색해 보고는 가혼(Garonne) 강 건너 요새 마을 생 마께흐*Saint-Macaire*에 있는 숙소를 예약하게 되는데, 메디에벌(Médiéval) 레스토랑과 스파도 운영하고 있는 특별한 숙소로 여겨지는데, 15시 50분경 당도한 숙소는 이곳 성곽 마을 시청 바로 옆 건물로 입지가 최고다.

하지만, 숙박 이외 레스토랑, 스파 헬스 등 나머지 서비스는 올스톱이고, 손님조차 필자가 유일한 듯하다. 체크인한 직후 퍼붓는 폭우에 거리에는 인적도 자취를 감췄고, 마치 유령 마을에 혼자 남겨진 듯한 묘한 기분에 젖어들며 이날 일정을 매듭짓게 된다.

03

Garonne Estuaire

가혼 강기슭

Day 16,

(2022. 02. 16.)

생 마께흐 Saint Macaire ~ 뽀흐떼 Portets

가혼 운하 이후
주로 와이너리 포도 산지를 누비다

Saint-Macaire ~ Portets
Day 16 29.64km
누적 거리 560.97km

l'Abbaye Saint-Sauveur

오늘 역시도 짙은 비구름에서 비를 뿌리고 있으나, 다행히 무시해도 될 정도의 양에 지나지 않는다. 배낭과 짐가방에만 방수 커버를 씌운 채 숙소를 나서는데, 11시 20분경이다. 큰길로 손쉽게 마을을 벗어나는 대신에 중세 요새마을을 살펴보기 위해 숙소 뒤 성곽 안으로 들어선다. 이내 강변 언덕에 자리 잡은 생 소뵈흐 수도원(l'Abbaye

Saint-Sauveur)을 만나게 되는데, 이곳 수도원 교회에는 13세기 피레네 산맥 적송으로 만든 교회 문이 소중히 관리되고 있다고 한다.

이후 골목길로 마을을 빠져나가는데, 중세의 숨결이 그대로 전해지는 듯한 중세 분위기 그대로이다. 성곽 밖 한 대저택을 지날 무렵, 저택 입구에 아주 섬세하게 조각된 수탉 석상이 눈길을 끈다. 아주 용맹스럽고 위엄까지 갖춘 모습이 프랑크 왕국의 영토를 최대로 확장한 샤를마뉴(Charlemagne) 대제를 닮은 듯 보인다.

생 마께흐*Saint-Macaire*를 벗어나 레 누와예*Les Noyers*로 접어든 굴다리에서 우비를 위아래 챙겨 입는다. 굵어지고 있는 비를 더 이상 무시하기 어렵기 때문이다. 생맥시엉*Saint-Maixant*의 포도 농장(Vignobles, 비뇨블르)을 지날 무렵 엄청난 수의 쇠백로가 떼 지어 날아오른다. 물가가 아닌 포도밭에서도 먹이활동을 하는 것 같다. 하긴 물고기 아니라도 벌레 또한 그들에게는 중요한 양식일 것이다.

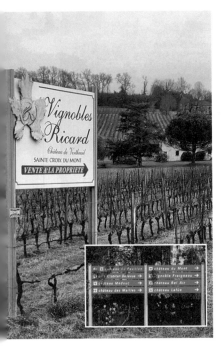

이웃한 상트-크화-뒤-몽*Sainte-Croix-du-Mont* 마을에서도 와이너리를 지나게 되거나 많은 와이너리 이정표들을 지나치게 된다. 유명한 와인 산지 보르도*Bordeaux* 권역인 이 지역 일대가 역시나 와인 농장들 천지인 것이다.

어느 저택 방범 울타리로 심어진 키 작은 나무에 겨우살이가 기생하여 자라고 있다. 채취가 용이하여 숙소에서 차로 끓여 먹기 위해 채취해 본다. 마디마디 뚝뚝 끊어내는 느낌이 특별하다. 아무튼, 어

제부터 겨우살이가 유난히 많이 눈에 띈다.

상트-크화-뒤-몽*Sainte-Croix-du-Mont*에서 이어지는 루삐악*Loupiac*, 까디약*Cadillac* 마을들 역시도 와이너리가 끊이지 않는다. 15km 지점인 베기*Béguey*를 지날 무렵 스마트폰 단말기가 먹통이 되어 버리고 구글 길 안내도 안 된다. 해

외 로밍을 연장하기 전에 기간이 만료되어 버린 탓이다. 일단 Wifi 되는 곳을 찾는데, 다행히 인근에 대형 마트 앙테르마흐시(Intermarché)가 있다.

찾아간 앙테르마흐시(Intermarché)에서 공용 Wifi를 연결하여 국내 통신사 앱에서 간단히 해외 로밍을 재가입하고는 오늘 행선 예정지 중 하나인 크헤옹*Créon*이나 그 주변 숙소를 검색해 보는데, 그쪽에는 마땅한 숙소가 없다. "Le Canal des Mers 2 Mers à Vélo" 테마길 경유지라서 들러 보려고 했던 것인데, 할 수 없이 그냥 막바로 보르도*Bordeaux* 쪽으로 방향을 틀게 된다. 보르도*Bordeaux*까지는 다소 힘이 부치는 거리라서 가는 길에 힘들거나 시간이 늦어지면 그때 가서 주변 숙소 검색을 하면 될 듯하다.

아무튼, 북쪽 방향 크헤옹*Créon* 대신에 서북쪽으로 방향을 전환하여 라 그

Rions Mairie
마을의 시청

헝쥬*la Grange*, 히옹*Rions*을 지나게 되는데, 히옹*Rions*의 시청은 마을 급의 메히(Mairie)이지만, 그 규모는 도시급의 오텔 드 빌(Hôtel de Ville) 못지않게 크다. 그만큼 잘 사는 마을이기 때문이고, 그 이유 또한 와인과 무관치 않을 것이다. 라스티악-슈흐-가혼 *Lastiac-sur-Garonne*을 경유할 무렵에는 지금까지 만나온 와이너리 광고 보드와는 색다른 모습의 홍보물을 접한다. 어느 와이너리가 벽면에 세운 대형 와인병 라벨에 와이너리 이름과 시음(Dégustation, 데구스타시옹), 판매(Vente, 벙뜨)가 가능하다는 내용 등의 문구가 있다. 이미 16시를 한참 넘어선다. 일단 현 위치에서 가까운 숙소 검색을 해본다. 다행히 5km 남짓 거리인 강 건너 뽀흐떼*Portets*마을에

적당한 숙소가 확인되어 예약해 놓는다.

숙소가 있는 뽀흐떼*Portets*로 가기 위해 가혼(Garonne) 강을 건너기 전 마

Château de Langoiran

Pont de Langoiran

지막 마을에 들어서면서 언 덕 위에 자리 잡은 고풍스러 운 랭구아렁 성채(Château de Langoiran)가 있는 랭 구아렁*Langoiran*은 아키텐

공국에서 비중 있는 마을이었는데, 백년전쟁 당시 샤를 7세가 랭구아렁 *Langoiran* 성채를 요새 삼아 영국과 맞섰다고 한다.

랭구아렁 철교(Pont de Langoiran)를 넘어 향하는 뽀흐떼*Portets*에도 지 나온 마을 못지않게 와인 농장 샤또 셔헤 삐뜨흐(Château Cheret Pitres), 두망 드 라 매뜨(Domaine de la Mette) 등 규모도 있고, 호화로워 보이는

와인농장들을 만나게 된다. 아 직 비수기라서 시음이나 구입 이 가능한 와이너리 견학 방문 이 허용되는 곳이 없어서 아쉽 지만, 보르도*Bordeaux* 일대 와인

Château Cheret Pitres

산지의 분위기를 느끼기에는 부족함이 없는 듯하다.

Domaine de la Mette

어제까지는 운하 여행을 하며 갑문을 비롯한 항구 등 운하 주변 풍경에
집중했던 반면, 오늘부터는 완전히 가혼(Garonne) 강 유역에 자리 잡은 포
도 산지의 와이너리로 무게 중심이 바뀐 하루였다. 아마 이런 추세가 대서
양까지 이어지지 않을까 싶다. 이 지역에서 만나게 되는 샤또(Château)는
와이너리의 또 다른 이름으로, 와이너리(Winery)와 동의어라고 해석된다.

Day 17,

(2022. 02. 17.)

뽀흐떼 Portets ~ 보르도 Bordeaux

와이너리의 또 다른 이름인 *Château*
수많은 그들의 사열(?)을 받으며 보르도에 입성하다

Portets ~ Bordeaux
Day 17 34.85km
누적 거리 595.82km

뽀흐떼*Portets*에 숙소를 체크아웃하면서 전날 저녁 식사비를 결제하는데, 15 유로에 불과하다. 전날 저녁의 경우, 에피타이저와 디저트는 뷔페식으로 여러 가지가 준비되어 있어 수시로 직접 가져다 먹을 수 있었고, 주요리 스테이크만 직접 서빙되었는데, 사실 스테이크는 질이 디소 떨어지는 수준이기는 했음에도 가성비까지 반감될 정도는 아니었다.

오늘까지 연이어 사흘째 지겹도록 비가 내리는 우중충한 거리로 나선다.

두 줄로 된 Buffer 공간

다행히 분무기로 뿌리는 수준 정도여서 옷 젖을 걱정은 안 해도 되고, 이따금 뿌옇게 김이 서리고 빗물로 얼룩진 안경만 닦아주면 된다. 뽀흐떼 *Portets* 마을을 벗어나는 길에 자전거 도로가 따로 없고 도로 중앙에 중앙 분리대 대신에 두 줄로 보호된 버퍼 공간이 있어 그곳으로 자전거를 달리게 된다.

뽀흐떼 *Portets* 시청사를 지나기 전에 뷰 샤또 고베흐(Vieux Château Gaubert)와 샤또 드 뽀흐떼(Château de Portets) 두 곳의 와이너리를 지나왔다. 언제부터 인지 캐슬을 의미하는 샤또(Château)는 와이너리의 대명사가 되어 버린 지 이미 오래인 것 같다. 참고로 말씀드리자면, 뷰 샤또(Vieux Château)는 오래된 성(Old Castle)을 의미한다. 이웃한 마을 보띠헝 *Beautiran* 에

서도 샤또 르 튀케(Château le Tuquet), 샤또 투흐 드 깔렁스(Château Tour de Calens), 샤또 드 하곤 폴(Château de Ragon Paul) 등의 와이너리를 에규모흐뜨-레-그하브 *Ayguemorte-les-Graves* 마을에서도 샤또 뒤 메장(Château du Méjean) 와이너리를 만나게 된다.

이처럼 숙소로부터 보르도 *Bordeaux* 로 향하는 직선도로 양편으로는 포도

농장과 와이너리 샤또(Château)들로 줄지어 있어 역시나 보르도^{Bordeaux}가 와인 주산지임을 증명하는 듯 보인다. 와이너리마다 예외 없이 설치한 길가 입간판에는 방문 환영, 시음, 판매 등의 문구들이 있다.

잠시 한눈을 판 사이 필자가 달리는 길이 고속도로로 들어서는 길이라 자전거를 되돌려 나온다. le Canal des Deux Mers à Vélo(https://en.canaldes2mersavelo.com/) 길과 구글맵 추천 길을 무시하고 필자 임의로 길을 택한 결과이지만, 이런 일은 여행 중 일어나는 해프닝 중 지극히 사소한 일에 속한다.

아무튼, 고속도로를 우회하며 만나게 되는 생-메다흐-데이헝$^{Saint-Médard-d'Eyrans}$ 마을을 경유하며 보르도 와인길 (Route des Vins de Bordeaux, 후트 데 방 드 보르도) 이정표도 지나게 되고는 이 마을의 공원에서 따끈한 겨우살이 차를 음미해 보는데, 숙소에서 끓여 보온병에 담아온 것이고 이때가 숙소를 떠난 지 2시간 가량 지난 13시 정도의 시각이다. 둥글레 차와 숭늉 같은 부드러운 맛이어서 현지

의 겨우살이차는 굳이 신토불이를 논하지 않아도 될 것 같다. 더욱이 유럽에서도 겨우 살이에서 항암제를 얻어내고 있는 검색결과가 확인되기도 한다.

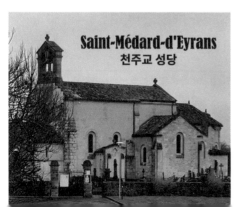

잠시 차 한 잔의 여유를 누린후 생-메다흐-데이헝$^{Saint-Médard-d'Eyrans}$ 천주교 성당을 지나 마을을 벗어난다. 유럽의 크고 작은 마

을의 중심에는 일반적으로 성당과 시청이 함께 자리하고 있다. 아마도 정치 권력과 종교 권력 간에 서로 견제와 균형을 위한 듯하다. 하지만 작은 마을일수록 성당의 규모가 아담한 시청을 압도하는 만큼 교권의 위세가 상대적으로 커보인다.

보르도*Bordeaux*에 가까워지면서 까도작*Cadaujac* 전원마을을 지난다. 대체로 비슷비슷한 현대식 주택들이 단지를 이루고 있는데, 어느 대문 기둥 위에는 독수리 석상도 눈에 띈다. 프랑스에서는 국조가 수탉이지만 나폴레옹 때는 잠시 힘이 약한 닭 대신에 하늘을 지배하는 독수리가 그 자리를 대신했다고 전해진다.

이러한 까도작*Cadaujac* 마을에서도 예외 없이 샤또 라모트-부스코(Château Lamothe-Bouscaut)라는 와이너리를 만나고는 이후 트램이 운행되는 광역 보르도*Bordeaux*라고 할 수 있는 빌나브-도흐농

(Villenave-d'Ornon) 마을에서도 비뇨블르 샤또 바헤(Vignoble Château Baret) 포도 농원 와이너리를 지나게 된다.

보르도*Bordeaux*에 근접한 베글르(Bégles) 마을의 베글르 호수(Lac de Bégles)와 앙드헤 모가 스타디움(André Moga Stadium)도 지나면서는 보르도*Bordeaux*의 신도시 같은 지구에서 힐튼(Hilton) 호텔과 보카 푸드코트(Boca Food Court), 보르도의 복합 문화 공간(Frac Nouvelle-Aquitaine MÉCA)들을

연이어 만나게 된다.

Boca Food Court 에는 비빔밥 코너도

있다. 다만 표기가 Bibibap(http://www.

bibibap.fr/)으로 되어 있다.

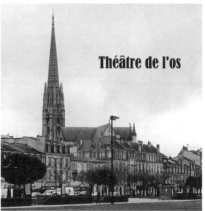

이곳에서 생 장(Saint Jean) 다리를 지나 가혼(Garonne) 강변 생미셸 체
육공원(Parc des Sports Saint-Michel Bordeaux)으로 이어진다. 참고로 공
원 공중 화장실들은 모두 청결하게 관리되고 있고 이례적으로 무료이다.

공원 왼쪽 시내 방향으로는 떼아뜨르 드 로스(Théâtre de l'os) 문화예술
극장 등이 있고 강변 체육 공원이 끝나는 삐에르 대교(Pont de Pierre, 뽕

Grosse Cloche

데 삐에르) 남단에는 부르고뉴 게이트(Porte de Bourgogne)가 있어 도심으로의 관문 역할을 하는 듯 보인다. 참고로 삐에르 대교(Pont de Pierre)는 보르도의 첫 번째 다리로, 1822년에 10년의 공사 끝에 완공된 17개의 아치를 가진 487m 길이의 대교이다.

부르고뉴 게이트(Porte de Bourgogne)로 들어서서 얼마 안 돼서 오른쪽으로 엄청난 높이의 종탑이 나온다. Big Bell이라는 의미의 그호스 클로시(Grosse Cloche) 성문으로 빨려들 듯 안으로 들어서게 되고, 이 골목 안에서

Porte de Bourgogne

우연히 만난 일본 마트에서 종갓집 김치를 구입하게 된다.

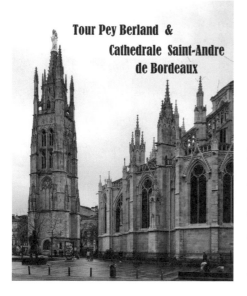

**Tour Pey Berland &
Cathedrale Saint-Andre
de Bordeaux**

이후 수 분 이내 오늘의 목적지로 설정해 놓은 보르도 시청사에 도착하게 되는데, 이때 시각이 15시 50분경이다. 시청 앞 삐이 베흘렁 광장(Place Pey Berland)에는 보르도 대성당(Cathedrale Saint-Andre de Bordeaux), 삐이 베흘렁 종탑(Tour Pey Berland) 등이 함께 자리 잡고 있는데, 그 규모

와 이들의 조화미에 입을 다물기 어려울 정도로 놀라운 수준이다. 게다가 도심의 길 바닥들이 하나같이 매끄러운 보도블록들로 깔려있어 보르도 *Bordeaux*가 아주 짜임새 있고 세련된 도시라는 느낌을 짙게 해준다.

이제 기착지에 도착한 만큼 대도시이기에 선택의 폭이 넓은 숙소들을 검색해 본다. 이곳 도심 인근에 싸고 괜찮은 숙소들도 있지만 공용 주방이 있는 2km 거리의 숙소로 이동하기로 한다.

이동 경로인 상뜨 까뜨힌느(Sainte Catherine) 거리를 지나면서 보르도 대극장 옆 코메디 광장(Place de la Comédie)에 있는 산나 조각상(Sculpture Sanna)도 보게 된다. 스페인 조각가(Jaume Plensa, 하우메 플렌자)의 기념비적인 작품으로 눈을 감고 있는 소녀의 모습이지만, 소녀의 숨소리와 소녀의 따뜻함이 느껴질 정도라고 평가되고 있다. 그만큼 섬세하게 사실적으로 표현했음을 의미하는 듯하다.

이후 코메디 광장에서 북쪽으로 대략 500m 거리의 껭꽁스 광장(Place des Quinconces)에 있는 지롱드 기념비(Monument aux Girondins)도 마주하게 되는데, 프랑스 대혁명 당시 입법 의회에서 왕당파로 활약했던 지롱드파를 기리기 위한 기념탑이다. 당시 권력을 쥔 급진파 로베스피에르가 극단적인 공포 정치로 루이 16세와 마리앙뜨와네트, 온건한 노선의 지롱드파 지도자 당통 등 수만 명을 단두대로 처형하고, 자신도 결국 단두대의 이슬로 사라진 역사의 아이러니가 떠오른다.

예약한 숙소에 이를 무렵 뜻밖의 역사적 인물을 만나게 된다. 풍전등화 같은 백년전쟁의 판세를 일거에 뒤바꿔 놓은 오를레앙의 영웅, 바로 잔다르크(Jeanne d'Arc)의 동상이다. 백년전쟁 중에 프랑스는 분열되어 부르고뉴 공국이나 아키텐 공국은 영국을 지원하기도 했으나 잔다르크 등장 이후 프랑스에 국가 개념이 생기며, 이들 공국들도 결국은 하나로 결속되어 백년전쟁을 승리로 이끌 수 있었던 만큼 프랑스 역사에 있어 큰 획을 이룬 위대한 성녀가 아닐 수 없다.

자전거 여행 길에 들르며 잠시 살펴본 보르도는 너무 틀이 잘 짜여진 계획도시로 보여지며, 이전에 봐온 여타 다른 도시들과 사뭇 다른 특별한 느낌이다. 이런 보르도*Bordeaux*에 대해 파고들면 끝도 없이 이어질 흥미로움이 숨겨져 있을 것 같다. 하지만 남은 자전거 여행을 위한 적절한 휴식을 위해 이 정도로 일정을 접고, 주방 시설이 잘 갖춰진 숙소에 체크인해서는 잔치국수를 만들어 김치와 함께 고향의 맛을 즐기며 새로운 날을 보다 상큼하게 맞이하려 한다.

Jeanne d'Arc

Day 18,

(2022. 02. 19.)

보르도 Bordeaux ~ 베흐송 Bersons

흥미롭게도 *Lamarque*에서 *Blaye*는
카페리로 *Garonne* 강을 도강渡江하여 진행된다

Bordeaux ~ Bersons
Day 18 65.13km
누적 거리 660.95km

전날은 약국에 다녀오는 일 빼고는 거의 숙소에만 머물며
음식을 해 먹고 휴식을 취하는 것에만 전념했다. 지난 가을 몬테네그로
포드고리차 숙소에서 빈대에 물린 이후 생긴 피부 가려움증과 염증이 다

소 심해져서 피부과 진료를 받을까 했는
데, 진료를 위해서는 하루 이틀 전에 예
약을 해야 가능한 시스템이라 병원 진료
를 포기하고 약국에서 약한 스테로이드
연고와 항히스타민 알러지약을 사야 했
다. 아무튼, 전날 휴식을 잘 취해서인지

자전거 페달은 여전히 무거울지라도 간만에 페달을 돌리는 다리 만큼은 상대적으로 가볍게 느끼면서 이번 여행 중 가장 이른 시간인 9시 30여 분에 일정을 시작한다.

이슬비가 뿌려짐에도 걷혀 가는 구름 사이로 파랗게 드러난 하늘이 조만간 날씨가 화창해질 것을 예감케 한다. 도심을 벗어나 보르도 광역권인 브휴즈*Bruges* 마을의 르락(Le Lac) 호수를 끼고 달린다. 호반 공원에는 적잖은 홈리스들이 텐트촌을 이루고 있는 풍경이 연출되고 있다.

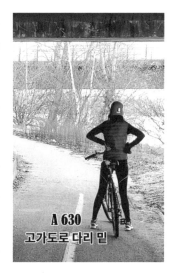

A 630
고가도로 다리 밑

10시 10분경, 르락(Le Lac)을 가로지르는 A630 도로 다리 밑을 지날 무렵 한줄기 소낙비가 세차게 내린다. 일단 다리 밑에서 피하고 볼 도리밖에 없다. 호수에서 조정을 한참 즐기던 동호인들도 하나둘 인근 인도교(Passerelle du Lac de Bordeaux) 밑으로 모여든다. 소낙비라 오래 가지 않아 그치면서 다시 가던 길을 이어 달리게 된다. 브렁크포흐*Blanquefort* 마을을 지나며 만난 대형 마트 오성(Auchan)에 들러 점심 요깃거리들을 좀 장만한다.

르락(Le Lac) 호수에서 제법 멀리 지나온 르 피앙-메독*Le Pian-Médoc*에

접어들 무렵, 르락(Le Lac)이라는 전원주택 단지를 지나게 되고는 어느 길가 수풀에서 고목을 조각하여 만든 포도송이를 만나고, 이어서 르 피앙-메독*Le Pian-Médoc* 시청사가 있는 마을 중심지를 관통하는데, 12시가 채 안 된 시각이다.

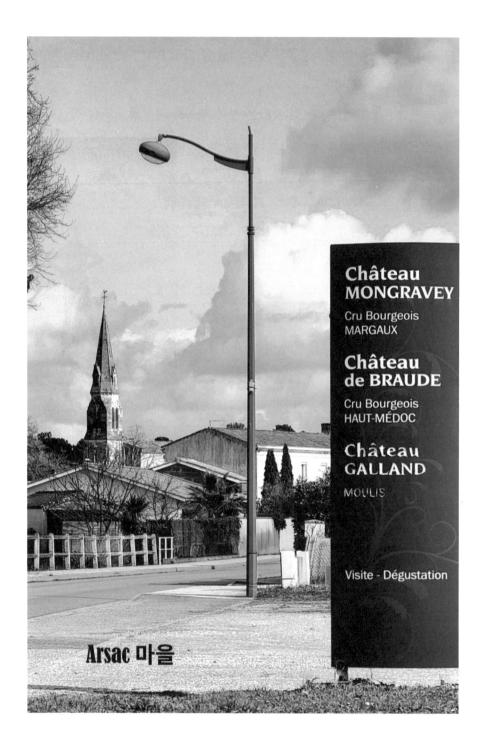

Château
MONGRAVEY

Cru Bourgeois
MARGAUX

Château
de BRAUDE

Cru Bourgeois
HAUT-MÉDOC

Château
GALLAND

MOULIS

Visite - Dégustation

Arsac 마을

Château du Tertre

　이제까지는 주로 포도 농원들만 봐왔다면, 12시 30분 좀 지나면서부터 만나게 되는 아흐삭*Arsac*에서는 적잖은 규모의 와이너리들을 잇달아 만나게 된다. 샤또 몽그하베(Château Mongravey), 샤또 뒤 떼흐뜨흐(Château du Tertre), 샤또 라 뚜흐 드 베상(Château La Tour de Bessan) 등. 아흐삭(Arsac)은 마을도 참 예쁘다. 생–제흐망 천주교 성당(Église Saint-Germain)과 시청사, 그리고 마을 유치원, 초등학교, 도서관들이 조화로운 공동체의 모습으로 어우러져 있어 인상적이다.

　이후 옆 마을 마흐고 껑뜨낙(Margaux-Cantenac)에 들어설 즈음 13시 10분을 넘어서고 30km 정도를 지나고 있다. 샤또 마흐트넝(Château Martinens) 포도 농원과 샤또 라 즈꽁브(Château Lascombes) 와이너리가 인상적이고 포도 밭 고랑에 피어난 노란 봄꽃들이 싱그럽다.

　다시 수썽*Soussans* 마을을 지나는데 견공들이 장애물 통과 경연 연습을 하는 캠프를 만난다. TV에서만 보던 모습이라 반갑게 다가서는데, 훈련받던

견공 한 마리도 필자에게 관심을 보이며 다가온다. 장애물 통과를 채근하는 주인 말을 안 듣고 흘끔흘끔 필자에게 몇 차례 시선을 주며 호기심을 보이던 한 견공이 마침내 필자에게 다가오는 것이다. 연신 딴청을 피우는 그 훈련견 때문에 조련사에게 민폐를 끼치는 것 같아 서둘러 자리를 떠야 했다. 아마 그 견공도 연습에 싫증이 난 차에 필자를 구실 삼아 숨을 돌리려 했던 게 아닌가 싶다.

수썽*Soussans* 마을을 벗어나기 전에 때마침 공원 쉼터가 있어 마트에서 사온 요깃거리로 점심을 대신하며 휴식 시간도 누려 보는데, 필자가 쉬게 된 쉼터가 부클 드 마헤 다흐상 에 드 수썽(Boucle des Marais d'Arcins et de

Château
Malescasse

Château Brillette

Soussans)이라고 하는 루프형 자전거 하이킹 코스
를 원점 회귀하는 출발 지점으로 보인다.

그리고는 샤또 부히옛(Château Brillette) 와이너
리가 대표적인 물리–앙–메독*Moulis-en-Médoc* 마을과 샤또 아흐놀(Château
Arnauld), 샤또 다흐상(Château d'Arcins) 같은 굵직한 와이너리와 스코틀
랜드 Hairy Cow를 만난 아흐상*Arcins* 마을을 지나서 라마흐크*Lamarque*에
이르게 되는데, 샤또 말리스카스(Château Malescasse) 와이너리와 풍차,
그리고 셍–수항(Saint-Seurin) 천주교 성당의 첨탑 등이 사랑스러운 마을
이다.

　게다가 가혼(Garonne) 강어귀 항구인 이곳 라마흐크*Lamarque* 에는 가혼 (Garonne) 강을 건너는 다리가 없는 대신에 오늘 예정 목적지인 강 건너 블라예*Blaye*까지 카페리를 타고 건너는 특별한 경험도 누리게 된다. 17시 배 출항 시간까지 1시간을 꼬박 기다려야 하지만, 아무튼 여행을 풍성하게 해주는 경험이기에 신나는 일이다. 3년 전, 지중해 자전거 여행 당시에도 론강 하구를 카페리로 건넜던 추억이 떠오른다.

　강가에는 그물 어구를 갖춘 수상 오두막들이 줄지어 높게 세워져 있는 모습이 흥미로워 보인다. 아마도 오목한 어구를 강바닥까지 내려놓으면 만조(滿潮) 때 들어왔다가 간조(干潮) 때 빠져나가지 못한 물고기들을 그냥 손쉽게 잡거나 물이 많을 때 임의로 어구를 담궜다 들어올려 물고기를 잡는 듯한데, 스위스 바젤의 라인강가에서도 이와 똑같은 어구를 본 적이 있는 것으

라마르크
Garonne 강하구

바젤
라인강

로 봐서 유럽에서 보편적인 어로 방식 중 하나인 듯하다.

배를 기다리는 긴 시간 동안 이곳 선착장 인근 게시판에 있는 배 요금표를 보는 것도 재미있는 일처럼 느껴진다. 이 중 흥미로운 부분은 성수기 비수기 요금이 있고, 연령별, 차종별 요금이 다른데, 4살 이하는 무료이고 동반한 말과 자전거도 별도의 요금을 지불하지 않는다. 게다가 10회용, 1달 정기 요금도 있고, 1년 정기 요금도 있다. 이런 요금제를 비추어볼 때, 라마흐크Lamarque에서 블라예Blaye 를 오가는 연락선을 이용하여 출퇴근하는 직장인이나 등하교하는 학생들도 적잖을 것으로 짐작된다.

아무튼, 필자는 라마흐크 Lamarque에서 블라예Blaye 까지 성인 비수기 요금으로 2.30유로를 지불하고 승선하여 불과 20분 정도 소요되어 강건너 북동쪽 블라예Blaye에 도착한다. 하선해 내려선 블라예Blaye의 강변 구릉지에는 완전히 콘크리트 벙커 같은 분위기의 철의 요새가 있다. 유네스코 세계문화유산으로 등재된 곳이라고는 해도 들러 볼 여유는 없다. 블라예Blaye에는 숙소 두 곳만이 이용 가능한데 모두 100유로가 훨씬 넘는다. 따라서 반값 정도로 값싼 숙소가 있는 8km 남짓 거리의 베흐송

*Bersons*까지 이동하려고 하기 때문이다.

새로운 목적지까지 가는 길이 생각보다 멀고 힘들게 느껴져 그냥 돈을 더 쓸걸 그랬다는 후회가 들기도 한다.

Château Pardaillan

아무튼, 18시 30분경에 다다르게 된 베르송*Bersons* 마을에는 샤또 파흐다이용(Château Pardaillan) 와이너리, 12세기에 세워졌다는 역사적인 생 사투흐낭(Saint Saturnin) 교회, 마을 규모에 비해 큰 규모의 시청사 등이 반겨 주고 있다. 덩치 큰 시청 건물에는 공립 학교(École Publique)도 함께 자리하고 있었는데, 이처럼 프랑스 시골의 시청 건물에는 대체로 유치원이나 초등학교

Mairie & École Publique de Berson

가 함께 자리하고 있다. 아무튼, 체크인한 이 마을의 숙소는 훌륭하다기 보다는 가정집의 포근함과 따사함이 느껴지는 평안한 분위기라서 하루 재충전하는 데는 나쁘지는 않은 선택이었다.

Day 19,

(2022. 02. 20.)

베흐송 Bersons ~ 브히 수 모흐따뉴 Brie-Sous-Mortagne

로드킬 당한
가여운 여우의 주검을 마주하다

Bersons ~
Brie-Sous-Mortagne
Day 19 58.45km
누적 거리 719.4km

늦은 오전에 출발하는 베흐송*Berson* 마을
은 짙은 비구름으로 칙칙하게 느껴지는 일요일이라 고요
하다. 대서양 목적지 마을 후아양*Royan*까지 79km 이정
표가 보인다. 차량도로 이정표와는 다소 거리 차이가 있
겠지만, 오늘은 대략 40km만을 소화할 생각을 한다.

먼저 지중해 대서양 테마길(le Canal des 2 Mers à Vélo
(https://en.canaldes2mersavelo.com/))로 돌아가 맨 먼
저 만나는 마을 에헝*Eyrans*까지 거리가 대략 10km로, 어제 벗어난 블라예
*Blaye*로부터 거리와 비슷하다. 결국 어제 블라예*Blaye*에서 이곳까지 온 8km
정도만을 더 달린 셈이다. 길에서 멀리 떨어진 넓은 들판에 겨우살이가 보

인다. 자동차 매연으로부터 전혀 오염되지 않았을 것 같고, 이미 필자 기관
지 가래와 목 염증에 즉효를 보였기에 다시 한번 채취한다. 까흐*Cars* 마을을
지나면서 샤또 껑띠노(Château Cantinot) 와이너리를 먼발치로 지나게 되고,
생뽈*Saint-Paul* 마을의 포도 농장도 멀리 우회하여 지난다. 포도밭 뒤로 보이
는 시계 첨탑은 성당이 아니고 생뽈*Saint-Paul* 마을 시청으로 확인된다.

출발한 지 1시간가량이 지난 12시경, 테마길로 돌아오니 중심 길가에
멋진 성채 샤또(Château)가 자리하고 있으나 와이너리나 공공 건물이 아니
고 단순 숙박 건물로, 호텔 라 뚜흐 뻬히에(Hotel La Tour Perrier)이다. 프
랑스어 'Hôtel'은 '공공 건물'을 뜻하며 '오뗄'이라고 읽힙니다만, 호텔 라 뚜
흐 뻬히에(Hotel La Tour Perrier)는 영어와 불어의 짬뽕이라고 하겠다. 아
무튼, 성채(Château)는 이처럼 포도 농장 와이너리로만 쓰이는 것이 아니
고 이곳처럼 숙박 업소로 사용되는 곳도 있다.

야생동물 주의 표지판이 서 있
는 바홍*Baron* 마을을 지날 무렵
아닌 게 아니라 도로 옆 풀밭에
여우 한 마리가 로드킬 당해 죽어
있다. 야생 여우가 이곳 구릉지

들판에 서식하고 있다는 사실도 놀랍지만, 무엇보다 머리를 고향으로 향하는 수구초심(首丘初心)도 못하고 불귀의 객이 되었을 여우의 운명이 가엽다.

유럽에는 일요일에 온전히 영업하는 상업 시설이 많지 않은 휴일문화가 자리 잡고 있다. 더군다나 이런 시골 마을 경우는 이런 현상이 더욱 심해 자칫 먹거리가 준비되어 있지 않으면 필자 같은 여행객은 끼니를 걸러야 할 수도 있다. 다행히 5km 거리 에똘리에*Étauliers* 마을에 대형 마트(Intermarché, 앙테흐마흑시)가 12시 30분까지 영업하는 것으로 확인된다. 일요일에는 대형 마트 대부분이 휴점을 함에도 운영 중인 앙테흐마흑시(Intermarché)에 10분 전쯤 힘겹게 도착하여 점심 먹거리를 챙기고는 안도한다. 다행히 기민한 검색으로 점심을 해결할 수 있게 된 것이다.

에똘리에*Étauliers* 마을 앙테흐마흑시(Intermarché) 뒷길에 튀티악(TUTIAC) 와인 판매점(Les Vignerons de TUTIAC - Cave d'Etauliers, 레 비녀홍 드 튀티악-까브 데똘리에)이 있으나, 역시 상점 문이 굳게 닫혀있다. 18km 지점을 지날 13시 무렵, 브호–데–생–루이 *Braud-et-Saint-Louis* 마을 초입에 들어서는데 이 지역 와인병 모형과 함께 이정표가 눈길을 끈다. 이정표는 비뜨흐제(Vitrezay) 항구까지 24km 거리임을 보여주고 있다.

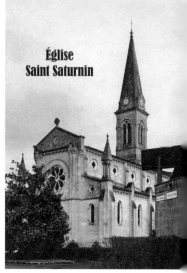

Église
Saint Saturnin

어제 많이 달렸던 만큼 오늘은 무리하지않고 비뜨흐제(Vitrezay) 항구에서 끊어갈 생각을 하게 된다. 이윽고 브호–데–생–루이*Braud-et-Saint-Louis* 마

을 중심 생 사뚜흐냥(Saint Saturnin) 천주교 성당 앞 공원 화장실에 들른 김에 잠시 휴식을 취하며 숙소 검색을 해보는데, 머물려는 곳에 마땅한 숙소가 없다. 결국 찾아낸 적당한 숙소가 현재 여행 중인 테마길에서 멀리 떨어지지 않은 브히-수-모르따뉴*Brie-sous-Mortagne* 마을에 있는 떼스 꼬따쥐(Tess Cottage) 라는 민박집으로 가격도 무난한 55유로 정도인데, 문제는 이곳에서 36km 를 달려야 하는 다소 부담스러운 거리라는 점이다.

여행 중인 테마길을 벗어나 생-시에-슈흐-지롱드*Saint-Ciers-sur-Gironde* 지역에 흐르는 지천 라 불로뉴(La Boulogne)를 끼고 달리는데, 비가 제법 내린다. 하는 수 없이 비를 피해 농가 주택 창고로 숨어들게 되는데, 창고에서 내다보는 마을은 마치 유령 마을처럼 인적이 전혀 느껴지지 않는다. 아마 일요일이기 때문에 더욱 그러할 것이다. 다만, 요일에 게의치않는 닭일가만 마당에 마실 나와 먹이활동 하는 모습을 우연히 구경하게 된다.

이 중 암컷과 새끼들을 거느린 수탉의 위세가 굉장해 보인다. 마치 자신이 프랑스의 상징임을 이미 인식하고 있는 것처럼 벼슬의 위엄을 과시하듯 시종 고개를 빳빳하게 치켜세운 그의 카리스마가 장난이 아니다. 남녀 차별금지법 등의 제도 장치를 통해 남녀평등을 꾀하는 인간 세계와 달리 동물 세계는 영원한 가부장적 씨족 사회에 머무를 것이기에 동물 세계의 수컷이 한편으로는 부럽기도 하다.

비가 잦아든 후 유령 마을 창고를 빠져나와서 뜨호께호*Troquereau* 지역

을 지날 때 어느 풀밭 진탕길을 통과하는 과정에서 구르지 않는 자전거를 끌면서 진땀 꽤나 흘리게 되는데, 다른 우회길을 택하지 않은 것을 크게 후회하게 된다. 그러고는 또 다른 마을 생-보네-슈흐-지롱드*Saint-Bonnet-sur-Gironde*에 들어선다. 요가 자세처럼 치켜든 발바닥 위에 새가 앉아서 물고기를 물고 있는 형상의 조형물이 마을 입구에서 여행객을 맞아주고 있다.

시간은 이미 15시 30분을 넘어섰고, 대략 36km 지점으로 아직 22km가량을 더 가야 하는데, 뭔가 에너지를 보충해야 할 시점이다. 열심히 찾고 있

는 벤치 하나 보이지 않는데, 다행히 약국 옆 골목에 Covid-19를 검사하던 장소로 보이는 빈 천막을 발견하게 된다.

안으로 들어가 의자에 걸터앉아 휴식겸 샌드위치를 먹고 있을 즈음 한 남성이 지나가며 이런 필자의 모습을 보고는 잠시 후 커피 한 잔을 가져다 준다. 알고 보니 천막에 대문이 가로막힌 뒷집에 사는 필자 또래

분으로, 영어도 못하고 숫기도 없어 보이는 분의 친절이라 더욱 감동스럽지 않을 수 없다. 낯선 나그네에게 뭔가 도움을 주고자 하는 그 남성의 타고난 듯한 따뜻한 심성이 읽혀지기 때문이다.

생-보네-슈흐-지롱드*Saint-Bonnet-sur-Gironde* 마을 시청을 지나고 마을도 벗어나 얼마 안 된 지점에 꼬냑(Cognac) 광고 입간판이 보인다. 꼬냑(Cognac)은 나폴레옹 꼬냑(Napoleon Cognac)을 통해 널리 알려지면서 와인 증류주 브랜디(Brandy)의 대명사가 되었다고 할 수 있는데, 이곳이 와인 증류주를 만드는 생-소흐랑-드-꼬냑*Saint-Sorlin-de-Cognac* 마을인 것이다. 이곳 마을에는 포도 농장들이 많이 있어도 특이하게 샤또(Château)로 시작되는 와이너리는 눈에 띄지 않는 것이 역시 브랜디(Brandy) 지방임을 말해 주는 듯하다.

옆 마을 생-토마-드-꼬냑*Saint-Thomas-de-Cognac*의 수로를 지나 생-디정-뒤-구아*Saint-Dizant-du-Gua* 지역 들판에서 귀한 황새를 만나 반갑다. 왜가리나 쇠백로는 쉽게 만나지만, 좀처럼 구경하기 쉽지 않은 녀석이기 때문이다. 다만, 다소 먼 거리에서 찍은 사진을 클로즈업하듯 확대하다 보니 사진의 해상도가 많이 떨어져 아쉽다.

끝없는 벌판 사이 길을 달리는 중에 생-

Floirac

Boutenac-Touvent

포흐−슈흐−지롱드*Saint-Fort-sur-Gironde* 지역 언덕 위 원뿔형 탑이 시야에 들어온다. 뭘까 검색하여 찾아 보지만, 보몽탑 주차장(Parking de la tour de Beaumont)으로만 확인된다. 탑의 용도는 그저 망루 정도가 아닐까 싶다.

이후 플루아학*Floirac* 마을을 먼 발치에서 바라보며 우회하게 되고, 구릉지 골마루를 감아 돌며 초록 융단이 펼쳐진 구릉지 위에 있는 부뜨낙−뚜

벙*Boutenac-Touvent* 마을을 조망하며 이와 맞은편 구릉마루에 있는 마을 부히−수−모흐따뉴*Brie-sous-Mortagne*에 힘겹게 오르며 안락한 민박집(Chambres d'Hôtes, 셩브흐도뜨) 떼스 꼬따쥐(Tess Cottage)를 찾아 다소 늦은 시간에 하루 일정을 마무리하게 된다.

Day 20,

(2022. 02. 21.)

브히 수 모흐따뉴 Brie-Sous-Mortagne ~ 후아양 Royan

맞바람을 헤쳐가며
드디어 대서양에 당도하다

Brie-Sous-Mortagne ~ Royan
Day 20 38.81km
누적 거리 758.21km

다락방 창만큼이나 작아서 친근한 2층 숙소 침실 창문으로 내려다보이는 정원의 정감 가는 풍경으로 하루 아침을 맞는다.

오늘은 목적지 대서양이 시작된다는 후아양(Royan) 항구까지 30여 km 남아서 비교적 여유로운 일정이 될 거 같아 느긋한 마음으로 11시가 넘어 숙소를 나서게 되고, 이내 이곳 부히-수-모흐따뉴(Brie-sous-

Mortagne-sur-Gironde

Mortagne)에서 구릉마루로 이어지는 이웃마을 모르따뉴–슈흐–지롱드 (Mortagne-sur-Gironde) 마을을 지난다.

이 마을 길가에는 물을 길어올리는 큰 도르레 손잡이가 인상적인 옛 우물이 있다. 시골 마을에서 흔히 보게 되는 우물로, 현재는 사용을 안 하고 있지만, 입구를 철망으로 막아 안전을 담보해 놓고 일종의 과거 유산으로 잘 보존하고 있다.

모르따뉴–슈흐–지롱드(Mortagne-sur-Gironde) 마을 들판 길가에서 여우 캐리커저(Caricature)를 만난다. 용노를 알 수 없는 원통형 느럼에 그려진 여우 풍자화이다. 어제 로드킬 당한 여우를 봤듯이 이 지역 일대에 여우가 비교적 흔하고 친숙한 동물로 대접받고 있는 느낌이다. 그나저나 바람이 시종 심하게 부는 날씨이고 그것도 향하고 있는 대서양에서 불어오는 맞바람 해풍이라 페달 돌려 나아가기가 쉽지 않다. 게다가 날씨가 종잡을 수 없이 해가 들어 화창해졌다가도 일순간 흐려지며 비를 뿌리기도 하는 변덕스러운 날씨인데, 그 변덕 주기 또한 매우 짧다.

12시 15분경, 6km 거리의 쉐낙–생–수항–뒤제(Chenac-Saint-Seurin-d'Uzet) 마을을 지날 무렵 강한 역풍에 비까지 심하게 뿌려대어 인근 농가

주차장으로 찾아들어 잠시 소낙비를 피해서 쉬어 간다. 이내 비가 멎은 후 재출발하지만 쉐낙-생-수항-뒤제(Chenac-Saint-Seurin-d'Uzet) 마을 굴곡진 구릉지를 지나기가 쉽지 않다. 맞바람에 구릉지 굴곡이 설상가상인 것이다.

아무튼, 작은 몸체에 앞뒤로 적잖은 짐을 실은 자전거의 페달을 힘겹게 돌리다 보니 "Vous entrez sur la Route du Pineau(당신은 피노 길에 들어섰습니다.)"라고 쓰인 입간판을 지나게 되고, 어느새 어느 꼬냑(Cognac) 공장 앞도 지나며 광고용 꼬냑병 라벨에 새겨진 문구 "PRODUCTEUR COGNAC PINEAU des Charentes(생산자 꼬냑 피노 데 샤랑뜨)"를 살펴보게 된다. 이곳은 와인이 아닌 꼬냑 피노 데 샤랑뜨(COGNAC PINEAU des Charentes)를 생산하는 공장인 것이다.

꼬냑 피노 데 샤랑뜨(COGNAC PINEAU des Charentes)에 대해 더 구체적으로 설명드리자면, 와인을 증류한 일반 꼬냑(Cognac)과 달리 발효되지 않은 포도즙이나 가볍게 발효된 포도즙에 브랜디를 섞어 만든 강화 와인에 꼬냑 오드비(Cognac Eau de Vie)를 첨가한 후 숙성한 것으로, 프랑스 서부 지역에서 식전주로 애용되고 있다고 한다. 오드비(Eau de Vie)는 생명의 물이라는 사전

적 의미를 가지지만, 포도 이외 다른 과실주를 증류한 술을 일컫는다.

이후 쉐낙–생–수항–뒤제(Chenac-Saint-Seurin-d'Uzet) 마을 시청사, 마을 의회, 천주교 성당과 외곽에 있는 마을 공동묘지 등을 지나는데, 마을 구성이 프랑스 지방 마을의 전형적인 모습을 보여준다 하겠다.

진행 방향으로 포도 밭 너머로 가혼(Garonne) 강기슭(Estuaire) 포구 모습이 눈에 들어오고, 13시를 넘은 시각에 대략 11km 거리 정도에서 마침내 구릉지를 벗어나 강기슭으로 내려간다.

그러고 보니 지금까지 시종 구릉지 포도밭 길을 누비며 지나왔지만, 샤또(Château)로 시작되는 와이너리는 전혀 만나볼 수가 없었다. 보르도(Bordeaux)와 멀어지면서는 관광객들을 상대로 시음과 판매를 하는 와이너리 운영보다는 브랜디용 포도를 주로 재배하는 농원(Vignobles, 비뇨블르)들이 아니겠나 싶다.

구릉마루에서 내려가 만난 강기슭 포구 마을 바흐정(Barzan)에서 레스토랑을 마주한다. 시간이 13시 20분경으로,

모처럼 배꼽시계와 레스토랑 점심시간이 맞아 떨어졌다. 숙소에서 제공된 아침 식사가 크로와상, 커피와 주스 정도로 가벼웠기 때문이다.

막상 맞이한 식사는 아주 실망스러 웠다. 전식인 바다 샐러드(Salade de la Mer, 살라 드 라 메흐)는 멸치 필레 (Filet)와 새우가 들어간 샐러드로, 비 릿해서 맛있는 것과 거리가 있었고, 메인인 등심 스테이크는 일단 양이 너 무 적었고, 게다가 감자튀김이 같이 나와서 실망스러웠으며 후식 카페 구 흐멍(Café Gourmand)은 직접 만든 게 아니고 기성품들을 사다 내놓은 것들 로, 손 대기조차 싫었다.

사실 29.50유로 하는 식사라 좀 기 대를 많이 했는데, 기대와 달리 내용 이나 질이 정말 아니었다. 게다가 서비스 수수료 10%까지 별도로 청구한 다. 그동안 다녀본 레스토랑들 중 서비스 요금을 청구한 유일한 레스토랑 으로 한마디로 뜨내기 손님을 주로 상대하는 개념 없는 레스토랑 같은 느 낌이다. 결론적으로 32.45유로나 지불하고 먹은 식사가 그동안 싸게는 13 유로에서 비싸게는 25유로 정도에 식사한 그 어느 식사보다도 못한 수준 이었다.

레스토랑 앞에는 습지 공원이 조성되어 있고 뒤편에는 포구가 있다. 음 식 소화보다는 엉터리 음식을 먹고 불편한 마음을 다잡을 시간이 필요해 서였을까. 레스토랑 앞 습지 공원을 둘러보는데, 옛 물레방아 소품들이

장식되어 있다. 이윽고 자전거에 올라타 다리를 통해 포구를 건너고 바흐 정Barzan의 좁은 마을 길을 지나며 일반 주택 담벼락이나 대문 기둥 위에 수놓은 장식들을 접한다. 사소하고 소소한 것들이지만, 이와 같은 꾸밈은 이들의 생활 문화 수준을 반영하는 것 같다.

강 기슭이지만 역시 하안(河岸)에는 낮은 구릉지가 이어져 있고, 그 구릉지에도 하구를 배경으로 그림 같은 포도밭이 펼쳐져 있다. 그 포도 밭들을 지나 곶 지형의 벼랑 마을인 딸몽–슈흐–지롱드Talmont-sur-Gironde를 지난다. 그 벼랑 길은 le Canal des Deux Mers à Vélo 3번 길로 표시되어 있다. 후아양Royan 가는 길이 여러 루트가 있다는 얘기로 반대 방향 역시 마찬가지일 것이다.

딸몽–슈흐–지롱드Talmont-sur-Gironde 마을 벼랑 길 이후 또 다른 작은 곶에 생뜨하드공드(Sainte-Radegonde) 천주교 성당

Église de Sainte-Radegonde

Talmont-sur-Gironde 마을

이 저 아래 멀잖게 시야에 들어온다. 그림 같은 그곳을 배경으로 기념 사진을 남기기 위해 적잖은 시간을 투자한다. 어느덧 이미 16시가량이고 18km가량의 거리를 진행한 것으로, 갈 길이 여전히 멀다. 여유 있을 거라고 생각한 일정이 꽤나 더디어지고 있다. 무엇보다 맞바람으로 저항이 심하고 멋진 이국적 풍경 또한 발걸음을 멈춰세우기 때문이기도 하다.

마헝(Maran) 항구를 지날 무렵 필자 자전거 여행에 대해 관심을 보이는 프랑스 중년 커플을 만난다. 마치 연예인을 대하듯 사진을 찍어도 되냐고 묻고는 연신 셔터를 눌러댄다. 필자 스마트폰으로도 기념 사진을 남기게 되는데, 나중에 그 사진을 보내달라며 필자에게 자신의 전화번호를 알려주기도 한다.

이후, 만 끝자락에 있는 항구 마을에 다다른다. 혹시 후아양*Royan*이 아닐까 하는 기대를 무산시킨 또 다른 항구 메쉐흐–슈흐–지롱드*Meschers-sur-Gironde* 이다. 항구는 바다에서 인공 수로를 통해 이어진 내륙의 호수 같은 곳으로, 전혀 파도 한 점 일지 않는 평온한 곳이다. 아마도 풍랑이나 해일로부터도 안전한 천혜의 항구가 아닐까 싶다. 항구 주변에는 캠핑장이 자리하여 일상을 탈출한 행락객을 맞이하고 있다. 이내 지나는 메쉐흐–슈흐–지롱드*Meschers-sur-Gironde* 시청 앞에는 옛 프랑스 여배우 대형 사진이 전시되어 있다. 브리짓 바르도(Brigitte Bardot)와 잔느 모로(Jeanne

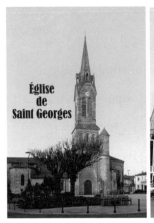

Église de Saint Georges

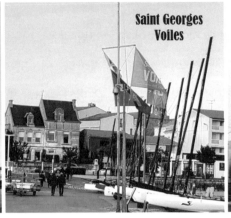

Saint Georges Voiles

Phage de Saint-Georges-de-Didonne

Moreau)가 아닐까 싶은데 20세기 중반에 사랑받던 여배우들이다.

해변 산림 구릉지를 우회하여 생-조르쥬-드-디돈*Saint-Georges-de-Didonne* 마을에 접어든다. 이미 18시를 많이 넘어섰고, 대략 30km 거리 지점으로 마을 중심에 있는 생 조르쥬(Saint Georges) 천주교 성당을 지나 해안에 자리한 생 조르쥬 부알르(Saint Georges Voiles) 보트 렌탈하우스에 럭셔리한 요트들이 무수히 많아 보여서 이곳이 아담한 해양 휴양지임을 짐작케 해준다.

이후, 생-조르쥬-드-디돈*Saint-Georges-de-Didonne* 등대(Phare)와 해안 전 망대들을 지나서 돌출된 곶 지형을 감아 도니 오목한 모래 해변이 나오는 데, 폭도 넓고 길이가 끝없이 길다. 드디어 후아양 해변(Plage Royan)을 마 주하게 된 것이다.

썰물로 물이 빠진 해변에는 나뭇가지들을 촘촘이 엮어 울타리 형태로

말뚝 박아 고정시킨 목책들이 이중 삼중으로 설치되어 있다. 아마도 밀물 때 들어온 물고기들이 빠져나가지 못하도록 가두기 위해 설치해 놓은 듯 하다. 반면 해안로에는 소박한 모습의 숙박 업소와 유흥 시설들이 줄지어 있다. 거의 3km 길이의 모래해변이 끝나는 지점에 후아양 항구(Port de Royan)가 나오고, 항구 끝에 있는 후아양 부두(Pier Royan)에 이르면서 기나길었던 지중해 대서양 종단 자전거 여행을 마감하게 된다.

지중해 세트*Sète*부터 시작해 대서양 후아양*Royan*까지 총 거리는 758km 였다. 자전거 여행만으로는 딱 20일 소요되었고, 도중에 안두라 스키 여행 과 카르카손*Carcasonne* 중세 도시 탐방과 툴루즈*Toulouse*와 보르도*Bordeaux* 등에서 휴식을 취한 날들까지 포함하면 총 27일 간의 여행이었다.

부록

Le Canal des 2 Mers à vélo
여행 이후
(르 까날 데 두 메흐 아 벨로)
프랑스 북서부 도시여행

런던
London

Cherbourg

Ouistreham

Mont
Saint-Michel

Caen

파리
Paris

Saint Malo

Dol-de-Bretagne

Rennes

Nantes

프랑스

Ile-de-Re

La Rochelle

Poitiers

Royan

Saintes

리옹
Lyon

Hendaye

✈ **Royan** 후아양

Le Canal 2 Mer a Velo 자전거 여행을 매듭지은 곳이자 가혼(Garonne) 강이 끝나고 대서양이 시작되는 기점으로 인식되는 항구 도시 후아양*Royan*은 선사 시대 이래 쭉 인류가 살아온 평범한 해안 주거지였지만, 17세기에 들어서야 지롱드(Gironde) 강 어귀 도시들을 방어하기 위한 전략적으로 중요한 요새 도시로 발전되었다. 이 요새도 얼마 못 가 파괴되면서 12세기 생피에흐(Saint Pierre) 성당만이 유일한 역사 기념물로 남아 있다.

그러다가 19세기 해수욕 붐으로 가장 엘리강스한 해양 리조트로 개발되었으나 2차 세계대전 당시 폭격으로 크게 훼손되면서 도시 설계자 클로드 페레(Claude Ferret)에 의해 1947년 현대적인 도시로 새로 태어났다. 따라서 옛 모습이 거의 남아 있지 않는 신도시의 모습으로 유럽 도시다운 모습은 찾아보기 어렵다.

숙소에서 체크아웃한 이후 해안로를 달리며 삼각대를 세워 기념 사진을 남기고 있는데, 가던 길을 멈추고 이런 모습을 유심히 보고 있던 한 중년이 필자에게 다가와 "안녕하세요, 감사합니다."를 연발한다. 어떻게 한국말을 배웠냐고 물었더니 울진에 있었다고 하며 울산 부산도 많이 다녀봤다고 한다. 필자가 예측해 물어본 그대로 그는 울진 원자력 발전소 건설을 위해 장기 체류했었다고 한다.

이렇듯 유럽을 여행 다니다 보면 직간접적으로

한국과 인연이 있는 유럽 현지인을 심심찮게 만나게 된다. 최소한 한류 분위기에 힘입어 우리 대한민국에 대한 관심이나 호감도는 적잖은 현지인을 통해서 어렵지 않게 느낄 수 있었다. 메이드 인 코리아 생활 가전이나 스마트폰, 승용차 등을 통해 대한민국의 존재를 일상에서 쉽게 호흡하고 있기에 대한민국은 유럽인들에게 있어 이미 하이테크 기술 강국이라는 인식이 저변에 깔려 있고, 게다가 영화나 넷플릭스를 통한 K-드라마, BTS로 대표되는 K-뮤직 등의 한국 문화 콘텐츠가 유럽인들의 심금을 울리고 있기에 유럽인들에게 대한민국은 이미 Dynamic Korea로 인식되는 기술 강국, 문화 강국이자 흥미로운 선진 일류 국가인 것이다.

자전거 여행 이후 일단 후아양*Royan* 역으로 나가서는 북서부 지방 낭트*Nantes*로 향하는데, 이는 후아양*Royan*에서 보르도*Bordeaux*를 제외한 대도시 중 가장 가깝기 때문이다. 그 과정에 서부 소도시 생트*Saintes*를 잠시 경유하게 되는데, 생트*Saintes*는 얼핏 보아도 오래된 고도의 냄새가 풍기는 듯하다.

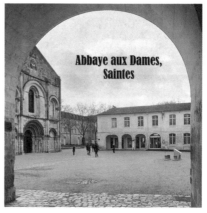

기차 환승 시간을 이용하여 대형 마트를 오가며 11세기에 지어진 생트 수녀원(Abbaye aux Dames, 아베이 오 다므, Saintes)과 생 외트로프 성당(Basilique Saint Eutrope de Saintes) 정도만 잠시 만나게 되는데, 나중에 확인해 보니 역시나 고대 갤로–로마 도시이다. 1세기경 로마 시대에 지어진 원형극장(Amphitheatre gallo-romain de Saintes)이 있는가 하면, 동 시대의 게르마니쿠스 개선문(Arc de Gemanicus)도 이 도시에 자리하고 있는 것이었다.

참고로 필자는 프랑스 철도청 앱(SNCF Connect)을 다운받아 이미 회원 가입을 해 놓았고, 시니어 우대카드(Carte Avantage Senior)를 49유로에 구입하여 1년간 기차를 이용할 때마다 매번 30% 할인을 받고 있다. 따라서 후아양*Royan*에서 낭트*Nantes*까지 철도청 앱으로 발급받은 모바일 티켓 요금이 19.10유로인데, 이는 60세 이상 기본 할인과 시니어 우대카드 할인을 받은 결과로 정상가의 반값에 불과하다. 여전히 역 창구나 무인 판매기에서 티켓을 구매하는 프랑스 현지인보다 필자가 정보화 시대에 더 잘 적응하고 있는 듯 보인다.

추가로 새로운 정보를 알려드리면, 최근에 60세 이상 시니어를 위한 시즌 티켓이 판매되고 있는데, 1달에 79유로 비용으로 프랑스 전역과 룩셈부르크*Luxemburg*와 독일 프라이부르크*Freiburg*까지 다닐 수 있는 티켓이다. 물론 자신이 이용하는 구간 티켓을 미리 모바일 예매하거나 현장에서 발매받아야 하지만, 별도 비용은 발생되지 않는다.

✈ Nantes 낭트

　　생트^{Saintes}를 경유하여 도착한 낭트^{Nantes}는 프랑스 북서부 브르타뉴^{Bretagne} 지방의 중심 도시이자 낭트 칙령이 선포된 도시로 유명하다. 16세기 말, 프랑스 사회가 카톨릭과 개신교 간에 갈등으로 내전 상황과 다를 바 없이 분열되어 있을 때, 부르봉 왕조를 연 앙리 4세(Henri IV)가 프랑스 내에서 가톨릭 이외에도 칼뱅주의 개신교 교파인 위그노(Huguenot)의 종교적 자유를 인정하는 칙령을 선포함으로써 신구교 간 갈등을 표면적으로나마 종식시킨 역사적인 장소가 바로 낭트인 것이다.

Château des ducs de Bretagne 브르타뉴 공작의 성채

　　사실 브르타뉴^{Bretagne}는 영국에서 이주한 브리타니아족이 세운 독립적인 공국이었으나 바야흐로 후사 문제로 인해 브르타뉴^{Bretagne} 공국의 명맥이 막바지로 치닫게 된다. 마지막 공작의 딸 안느(Anne de Bretagne)가 신성 로마 제국 합스부르크가 막시밀리언1세와 약혼을 하였으나 합스부

Château des ducs de Bretagne 브르타뉴 공작의 성채

르크가를 견제하려는 프랑스의 압력으로 파혼하게 되고, 결국 프랑스 왕 샤를 8세(Charles VIII)와 결혼하게 되는데, 둘 사이에 후사 없이 샤를 8세가 죽자 왕위 계승자인 루이 12세(Louis XII)와 재혼하게 되고, 결국 그사이에서 태어난 딸 클로드가 프랑수아 1세(François I)의 왕비로 살다가 1547년 죽게 되면서 브르타뉴는 자연스럽게 프랑스 왕령이

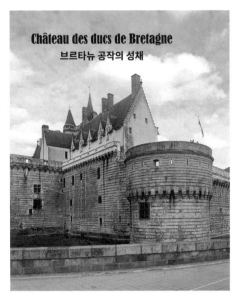

Château des ducs de Bretagne
브르타뉴 공작의 성채

되면서 브르타뉴 공국은 역사 속으로 자취를 감추고 사라지게 된다.

✈ Rennes 렌

　　　낭트Nantes를 떠나 생–말로Saint-Malo로 가는 길에 환승 시간을 이용하여 30여 분 잠시 들르게 된 렌느Rennes 역시 브르타뉴Bretagne 지역의 주요 도시 중 하나로 예술과 역사의 도시이자 프랑스에서 디지털 혁신도시이며 메트로(Metro)가 운행되는 도시 중에서 세계에서 가장 작은 도시라고 한다. 렌느 역(Gare de Rennes)도 선로 10개 정도의 크지 않은 역이나 역사는 초현대식 입체적 복합몰의 형태를 띠고 있으며, 2층 입구에 있는 말 조형물이 자못 인상적이다.

렌 역에서 뻗어나와 파스퇴르(Pasteur) 다리를 건너 생 조르주 궁전 (Palais Saint-Georges)으로 이어지는 장 장비에르(Jean Janvier) 거리에는 대단한 궁전 같은 건축물이 있는데, 확인해 보니 리쎄 에 꼬레쥐 에밀 졸라(Lycée et Collège Émile Zola)로 에밀졸라 중고등학교이다. 목로 주점의 작가로 잘 알려진 에밀 졸라는 드레퓌스 사건의 진실을 알린 작가로도 유명하다. 드레퓌스 사건은 보수 우익 국가 권력에 의해 자행된 대표적인 인권 유린, 간첩 조작 사건으로, 드레퓌스 장교가 유대인이었기 때문이다. 따라서 이 사건이 팔레스타인에 유대인 국가를 건설하겠다는 시오니즘 운동의 도화선이 된다.

✈ Saint-Malo 생 말로

거의 초치기에 가까운 짧은 렌느*Rennes* 자전거 산책을 마치고 브르타뉴*Bretagne* 지방의 기차로 갈아타서 생 말로*Saint-Malo*에 이르게

된다. 도착한 생 말로Saint-Malo 역에 내리
자마자 이방인을 반겨 주듯 들려오는 갈
매기의 요란한 울음소리가 이곳이 항구
임을 말해 주는 듯하다. 생말로Saint-Malo
는 영국 해협에 접한 프랑스 북서부 브르
타뉴에 있는 아담하고 깔끔한 이미지의
항구 도시로, 현대적인 세련미로 업그레

이드된 고전적인 멋스러움이 이 도시 건물들의 특징이라 할 수 있다.

드넓은 생 말로Saint-Malo 모래 해변에는 마치 성벽 같은 해안 방벽이 최
소 10m 이상의 높이로 둘러져 있다. 노르만 바이킹 등의 해적들이나 외
부의 적의 침략을 막아내기 위해 건축된 방어 구조물 같은데, 궁금하
여 검색해 본 생 말로Saint-Malo는 이와 반대로 한때 흉악한 해적의 근거

지로 악명이 높았다고 한다. 1590년부터 4년 동안 생 말로*Saint-Malo*는 "프랑스인도 아니고, 영국인도 아닌, 생 말로 사람이다."라는 표어를 내걸고 독립 공화국임을 선언하기도 했고, 이곳의 해적선·사략선(Priivateer)은 영불 해협을 통과하는 영국 선박에 통행세를 부과하면서 부를 축적한 도시라고 한다.

사실 좁은 해협은 이를 지나는 상선에게 있어서는 어떤 위험이 도사리고 있을지 모르는 공포스러운 지뢰밭 같은 곳일 터이고, 해적들 입장에서는 가장 손쉽게 선박에 접근하여 노략질하기 좋은 작업장이었을 것이다. 이에 해당하는 도버 해협의 항구도시 칼레*Calais*나 지브롤터*Gibraltar*의 경우도 이러한 해적질을 하는 사략선이 기승을 부렸던 곳으로, 당시는 국가가 이들을 육성하고 상납을 받는 구조였을 것으로 짐작된다.

생 말로*Saint-Malo* 역으로 향하여 아침 녘 해안로를 달릴 때, 해안로에는 밤새 바닷바람에 날려와 해안도로에 쌓인 모래들을 치우기 위한 모습들이 진풍경이다. 모래를 긁어내고 쓸어서 한곳에 모으고 이를 삽질하여 치워담기 위한 작업 차량과 적잖은 일꾼들이 동원되어 분주한 모습이 한겨울에 제설 작업하는 풍경을 연상케 한다.

✈ Dol-de-Bretagne 돌 드 브르타뉴

　　다음은 프랑스에서 급부상한 관광 명소 몽생미셸*Mont Saint-Michell*로 향한다. 생 말로*Saint Malo*에서 동쪽으로 50km도 안 되는 지근거리이지만, 생 말로*Saint Malo* 역에서 탑승한 기차를 중간 지점인 돌 드 브리타뉴(Dol-de-Bretagne) 역에서 갈아타야 하는데, 그 인터벌 시간이 1시간 10분가량이다.

　　이 시간을 이용해 진입한 시내의 건축물들은 생 말로*Saint Malo*에서와 마찬가지로 하나같이 현대적으로 업그레이드된 동화 속의 그림 같은 건물들이다. 아마도 이런 모습이 브리타뉴*Bretagne* 지방의 공통적인 풍경으로 여겨지는데, 브리타뉴*Bretagne*가 영국 브리타니아인들이 정착한 지역인 만큼 실제 영국 마을의 모습을 짐작케 해주는 단서 같기도 하다.

　　돌-드-브리타뉴*Dol-de-Bretagne*의 시내 중심지 썽트흐 빌(Centre-Ville)에는 시청을 중심으로 독일식 목골 주택도 보이고 길 건너 언덕 위에는 15

세기에 건축된 생 삼송 대성당(Cathédrale Saint-Samson)이 대단한 위용을 자랑하고 있다.

기차를 환승할 때마다 생각지 못한 지방 소도시들을 경험하게 되는 것은 프랑스 기차 여행의 색다른 묘미인 듯하다.

✈ Mont Saint-Michel 몽생미셸

몽생미셸*Mont Saint-Michel*까지 직접 가는 기차는 없다. 10km 거리를 두고 있는 뽕또흑송 몽생미셸(Pontorson Mont Saint-Michel) 역까지 기차를 이용하고 역 앞에서 몽생미셸*Mont Saint-Michel*까지는 버스를 이용해야 하는데, 30분가량 소요되고 요금은 8유로나 한다.

몽생미셸*Mont Saint-Michel*의 역사에 대해 간략히 소개하자면....

몽생미셸*Mont Saint-Michel*은 화강암 암산으로 원래 무덤을 의미하는 몽 통브(Mont Tombe)라고 불렸는데, 708년 대천사 Michel(Michael)이 아브헝슈(Avranches) 주교인 생 오베르(Saint-Aubert)가 꿈에 나타나 자신의 이름으로 성소를 지으라고 요청하여 966년 베네딕트인들이 이곳에 공동체를 이루고 첫 교회를 건설하였다고 한다.

그 후, 11세기에는 4개의 묘지와 큰 수도원이 지어지게 되고, 13세기에는 성직자들을 위한 회랑과 휴게 공간 용도의 3층 건물 두 개가 건축되었고, 백년전쟁(1337~1453) 중에는 몽생미셸*Mont Saint-Michel*이 거의 30년의 포위망을 견뎌낼 수 있도록 요새화되었다고 한다.

　프랑스 혁명으로 이곳이 감옥으로 전락하게 되자 성직자들은 수도원을 떠나게 되었고, 1863년까지 14,000명의 죄수들이 '바다의 바스티유(Bastille des Mers, 바스티유 데 메흐)'라고 불린 이곳에 수감되었는데, 이곳의 조류와 모래펄로 인해 어떠한 탈출도 불가능했다고 전해진다.

　1874년, 역사적인 기념물들이 복원되어 일반인들에게 공개되기 시작했고, 점차 많은 방문객들이 찾기 시작하자 방문객 수송을 위해 1879년에 제방 도로가 만들어졌고, 1901년부터 1938년까지는 증기 열차가 뽕또흑송*Pontorson*까지 놓여서 몽생미셸*Mont Saint-Michel* 접근을 보다 용이하게 해주었다.

　제2차 세계대전 동안에는 독일군이 이곳을 점령했지만, 다행히 시설들을 잘 보존해 주었고, 1966년에는 수도원이 돌아와서 세계 각지에서 온 순

례자들과 방문객들을 맞이해 주고 있으며, 1979년부터 몽생미셸*Mont Saint-Michel*이 유네스코에 의해 세계문화유산으로 등재되었다고 한다.

성곽길 이곳저곳을 누비는 사이 시장기 역시 참기 어려워졌다. 마침 성곽길 레스토랑을 마주하고는 밑져야 본전이라는 마음에 노크해 본다. 2차 백신을 맞고 6개월이 경과했다고 이미 한 차례 거부당한 바 있기 때문이다. 역시나 이곳에서도 필자 Green Pass가 유효하지않음이 검사결과 앙발리드(Invalide)로 확인된다. 그럼에도 2차 백신까지는 맞았다고 하자 흔쾌히 자리를 허락해 준다. 융통성 있는 종업원을 만난 덕분에 24.90유로에 훌륭한 식사를 즐기게 된다. 필자의 경험에 의하면, 프랑스에서는 관광지라고 해서 바가지 요금 없이 정상적인 가격이 적용되는 듯하다. 미디(Midi) 운하 여행 중에 방문했던 카르카손*Carcassonne* 요새 도시에서도 적당한 가격에 훌륭한 식사를 경험한 바 있다. 이런게 관광 선진국의 진정한 서비스 문화가 아닐까 싶다.

✈ Cherbourg 셸부르

제20대 대통령 선거에 소중한 주권을 행사하기 위해 파리 대한민국 대사관 투표소를 찾아가 재외국민 투표를 한 후, 파리 생라자흐(Saint Lazare) 역을 출발하여 다음 행선지 셸부르*Cherbourg*를 찾아왔다.

셸부르*Cherbourg*는 나폴레옹이 유럽의 패권을 차지하는 과정에서 영국을 정벌하기 위해 영국 넬슨과 해전을 벌일 당시 출항했던 해군 기지가 있는 곳이기도 하다. 하지만 정작 이곳을 찾아온 이유는 마치 필자 자신의 옛 사랑을 회상하 듯 「셸부르 우산」의 주인공 주느뷔에브(Genevieve)와 기이(Guy)의 사랑의 발자취를 더듬어보기 위함이다.

셸부르*Cherbourg* 역은 디근 자형으로 내륙 깊숙이 만들어진 항만 언저리에 자리하고 있다. 기이가 알제리 전쟁에 참전하기 위해 입영 열차에 오르며 쥬느뷔에브와 이별을 했던 장소로, 역사나 승강장 어디에서도 영화에서의 모습은 전혀 찾아볼 수 없다. 북쪽으로 길 건너 건물 뒷편으로 항

만이 바로 나오게 되고, 항만 부두 따라 바다 방향으로 조금 내려가니 인도교가 나오는데, 이는 쉘부르 우산 영화 음악들을 작곡한 미셸 르그랑 (Michel Legrand)의 이름을 딴 인도교 빠써헬르 미셸 르그랑(Passerelle Michel Legrand)으로, 영화 흥행 이후에 놓여진 다리이다.

조금 더 내려가면 쥬느뷔에브와 기이의 사랑의 추억이 녹아 있는 뚜흐넝 다리(Pont Tournant)가 나온다. 군대 간 기이와 연락이 뜸해진 이후 부유한 사업가 롤랑 카사브의 청혼을 받은 곳이기도 할 것이다.

뚜흐넝(Tournant) 다리 서남쪽으로 드골 장군 광장(Place Général de Gaulle)에 있는 르 뜨히덩(Le Trident) 극장이 나오고, 극장에서 서쪽으로 조금만 이동하면 쉘부르 우산 가게가 있는 골목 입구가 나온다.

골목 입구 오른편으로 붉은 색상의 예쁜 카페 퐁퐁(Café Pompon)이 있고, 그 골목길 반대 방향에는 붉은 채색이 역시 인상적인 레뚜알르 카페 (Café de l'étoile)가 있는데 쉘부르 우산(Les Parapluies de Cherbourg) 가게는 이 두 카페 사이 중간쯤에 있다. 찾아간 쉘부르 우산 가게는 마치 여전히 영업하고 있는 듯 모든 물건이 정상적으로 진열되어 있지만, 그저 관광

전시관 역할만을 하고 있는 게 아닌가 싶고, 그 앞 자전거 점포였던 상점은 현재 내부 인테리어 리모델링 중이다.

쥬느뷔에브와 기이가 말쑥하게 정장을 차려입고 공연을 보러 갔던 떼아뜨르 르 뜨히덩(Théâtre Le Trident) 극장 앞에는 근사한 골동품 스포츠 차량이 소품처럼 놓여 있는 반면에, 북쪽 해변로에는 쉐부르-앙-컹텅탕 삼위일체 성당(Basilique Sainte-Trinité de Cherbourg-en-Cotentin)이 있다. 바로 이곳이 쥬느뷔에브(Genévive)가 부유한 사업가 롤랑 카사브(Roland Cassard)와 결혼한 곳이다. 여자의 변심은 무죄라는 말이 있

Basilique Sainte-Trinité de Cherbourg -en-Cotentin

지만, 복잡미묘했을 쥬느뷔에브 심경에 동정이 느껴지며 영화를 시청할 당시 애절해했던 기억이 상기된다. 쥬느뷔에브(Genévive) 역할을 한 카트린느 드뇌브(Catherine Deneuve)는 79세의 할머니로 변모했고, 기이(Guy) 역을 맡았던 이탈리아 배우 니노 카스텔누오보(Nino Castelnuovo)는 2021년에 87세를 일기로 이미 고인이 되었다고 한다. 필자가 그들 나이에 이를 즈음에는 과연 어떤 모습으로 어떤 삶을 살아가고 있을지 궁금해진다.

✈ Caen 캉

　　쉘부르*Cherbourg* 이후 노르망디 지역의 중심도시 캉*Caen*에 와 있다. 아무 생각 없이 잠시 들른 도시이지만, 알고 보니 2차 세계대전 당시 군사 요충지였고, 영국의 노르만 왕조를 연 정복왕 윌리엄이 노르망디 공작이었을 당시 요새와 다를 바 없는 성(Château de Caen)을 지어 머물렀던 곳이다.

　　이를 비추어볼 때, 10세기 덴마크 노르만족이 노르망디*Normandie* 지역에 정착한 이후로 노르망디 공국의 중심 도시였을 것으로 짐작된다.

　　찾아가 보려는 캉성(Château de Caen) 앞에는 생피에르 천주교 성당(Église Saint-Pierre de Caen)이 자리한다. 고딕 양식의 걸작이나, 그 기원은 알려지지 않았고, 종탑은 14세기, 본당은 15세기와 16세기에 지어졌다

Château de Caen

고 한다. 1944년 6월 6일 독일군을 겨냥한 영국 해군의 함포로 첨탑이 무너져내리고 본당 지붕이 소실되었지만, 1957년 재건되었다고 한다.

이러한 생피에르 천주교 성당 정문 맞은편 방향 언덕에 있는 샤또 드 캉(Château de Caen)으로 향하다가 프랑스 어느 부부를 만나게 된다. 조그만 자전거에 짐을 잔뜩 싣고 여행을 하는 필자에게 관심을 갖고 다가온 캉Caen 시민은 시릴 헝푸아(Cyrille Rainfroy) 부부로, 자신들도 브롬톤(Brompton) 자전거를 즐겨 타고 있다며 반갑게 인사를 건네온 것이다. 인사하는 과정에서 한국인임을 알고는 자신들이 잘 아는 사람도 한국에서 입양온 남성이라며 지금은 한국 여성을 만나 안시Anncey에서 결혼 생활을 하고 있는데, 이날 이곳 캉Caen에 사는 연로한 양부모를 만나러

온다고 얘기해 준다.

기구한 운명으로 고국에서 버려져 이역만리 낯선 나라에 살면서 고국의 여성을 만나 새로운 가정을 이루고 양부모와도 잘 교류하며 살고 있는 것으로 봐서 이곳 환경에 잘 적응하여 뿌리내린 훌륭한 젊은이로 여겨진다.

이들과 아쉽게 헤어지고는 자전거는 성입구에 세워 놓고 성으로 오른다. 들어선 성 안에는 화려한 성채는 보이지 않지만, 성벽만큼은 대단한 규모와 높이를 자랑하고 있는데, 유럽에서 가장 큰 요새 성벽(fortified Enclosure) 중 하나로 손꼽힌다고 한다. 윌리엄 1세가 1060년 캉성(Château de Caen)을 지은 이후 노르망디 공작들이나 영국 왕들이 즐겨 찾는 거주지였다고 한다. 윌리엄 1세와 그의 부인 마틸다는 캉(Caen)에 있는 생테티엔 수도원 교회(Abbatiale Saint-Étienne de Caen)와 삼위일체 수녀원 교회(Église de la Trinité de Caen)에 각각 잠들어 있다. 이들 영국 왕과 왕비 모두가 프랑스에 묻혀 있는 것처럼 영국 노르만 왕조와 그 이후

Église Saint-Étienne de Caen

Église de la Trinité de Caen

플랜태저넷(Plantagenet) 왕조의 생활 근거지는 프랑스였다. 최소 백년전 쟁까지 영국 왕가가 프랑스 내 영지에서 생활하면서 프랑스어를 구사하며 프랑스 문화를 즐겼다고 볼 수 있는 것이다.

✈ 노르망디 상륙 작전지 Ouistreham 위스트르앙

캉Caen에서 영불 해협으로 흐르는 오흔느(Orne) 강길 따라 대략 16km 거리에는 노르망디 해변이 끝없이 펼쳐져 있는데, 바로 그곳 이 제2차 세계대전의 전세를 뒤바꾼 계기를 마련한 노르망디 상륙 작전이 있었던 곳인 위스트르앙Ouistreham 항구 마을이다. 캉Caen에서부터 자전 거 여행 삼아 찾아간 위스트르앙Ouistreham 마을의 히바 베야(Riva Bella) 해변 나무 데크 중간에는 1944년 6월 6일 노르망디 상륙 작전 70주년 을 기념하기 위한 조형물(D-Day 70éme Anniversaire du Débarquement Ouistreham)이 있어 발걸음을 멈추게 하고, 이어서 히바 베야(Riva Bella) 해변이 끝나고 위스트르앙 해변(Plage de Ouistreham)이 시작되는 지점에

D-Day 70éme Anniversaire du Débarquement Ouistreham

는 작은 언덕의 동산이 있고, 그곳에도 노르망디 상
륙 작전과 관련된 기념탑(Monument Français Libres
- Monument Kieffer)이 있다. 아마 제2차 세계대전 당
시 40세 나이에 프랑스 해군에 자원입대하여 노르망
디 상륙 작전 당시 해군 전함 함장으로 참전했던 필리
프 키퍼(Philippe Kieffer) 중령 등 의용군의 업적을 기
리는 기념탑으로 보여진다.

또한, 영불 해협을 사이에 두고 영국과 마주하는 캉
위스트르앙(Caen Ouistreham) 여객 터미널에서는 영
국 포츠모스(Portsmouth)를 오가는 카페리도 있는가 하면, 이곳에서 숙
소를 검색하는 과정에서 보트를 잠자리로 제공하는 위스트앙 마리나 항
구(Port de Plaisance de Ouistreham)의 어느 보트를 임대하여 보트에서 하
룻밤을 지내는 특별한 경험도 해본다.

✈ Poitiers 푸아티에

Palais des ducs d'Aquitaine

얼떨결에 프랑스 중서부 푸아티에*Poitiers*에 와있다. 푸아티에*Poitiers*는 구릉지에 있는 유서 깊은 도시로, 구릉골에는 기차 역과 이웃 도시와 연결되는 주요 도로가 있고, 구릉마루에는 올드타운이 자리 잡아 도심(Centre-Ville)을 이루고 있다. 아무튼, 숙소가 올드타운에 위치하여 자전거로 오르기는 다소 힘들지만, 푸아티에 대성당(Cathédrale Saint-Pierre), 푸아티에 시청사(Hôtel de Ville de Poitiers), 아키텐 공작 궁전(Palais des ducs d'Aquitaine) 그외 푸아티에 공연 예술 극장(Théâtre Auditorium de Poitiers) 등 볼거리를 손쉽게 만나볼 수 있어 헉헉거리며 힘겹게 올라온 불만은 쉽게 잠재워진다. 게다가 숙소 앞에는 우산을 만들어 팔고 수선도 해주는 가내 수공업 공장형 매장(Fabrique et Réparation de Parapluies, 빠 프

히끄 에 헤파라시옹 드 빠라쁠뤼)이 있어 정겹게 느껴지기까지 하다.

유독 수도원이나 기독교 교회가 남다르게 웅장하고 경건하게 느껴지는 푸아티에(Poitiers)는 이슬람 세력으로 부터 유럽 기독교 세계를 지켜낸 성지와 같은 곳이다. 610년 무하메드에 의해 이슬람교가 창시되

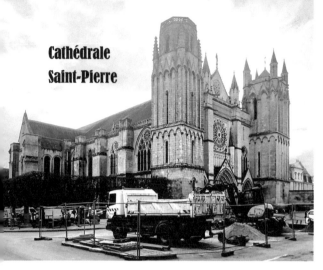
Cathédrale
Saint-Pierre

면서 순식간에 세력이 커
져 중동 북아프리카 스페
인 등을 장악하게 되고,
피레네 산맥을 넘어 보르
도 지방을 초토화시키기
에 이른다.

이미 이베리아 반도와
페레네 산맥을 넘어서 프랑스 남서부까지 차지한 이들 이슬람 사라센 세
력의 확장을 막아낸 곳이 바로 이곳 푸아티에(Poitiers)였다. 732년 푸아티
에 평원 전투에서 프랑크왕국의 샤를 마르텔(Charles Martel) 재상이 이슬
람 세력을 패퇴시켜 유럽 기독교 세계를 지켜낸 것이다.

샤를 마르텔(Charles Martel)의 아들 패팽(Pépin)은 왕위에 올라 카롤
링거 왕조를 열게 되고, 샤를 마르텔(Charles Martel)의 손자 샤를마뉴
(Charlemagne)는 동유럽을 제외한 유럽 일대에 제국을 이루어 800년 서
로마 제국 황제의 칭호를 얻게 됨으로써 오늘날 프랑스뿐만 아니라 독일,
오스트리아, 이탈리아의 역사에 있어 조상이 된 인물이다.

혹, 이런 역사적으로 중요한 인물인 샤를 마르텔(Charles Martel)의 자취
를 찾아볼 수 있을까 하는 마음으로 푸아티에*Poitiers*를 둘러보지만, 짧은
체류 시간으로는 역부족이었을까? 그의 업적을 기리는 그 어떤 동상이나
기념시설들을 만나볼 수 없어 의아했다.

따라서, 남다르게 유구한 푸아티에*Poitiers*의 역사를 들여다본다.

고대 로마 시대에 푸아티에*Poitiers*는 현재 도심의 상당 부분을 포함한
개방형 도시였다. 서기 1세기에 원형 극장은 남쪽 지구에 지어졌고, 북쪽
의 생제르맹 교회 자리에는 온천이 세워졌다. 당시 도시는 2,500m의

거대한 성벽으로 둘러싸여 있었는데, 4세기부터 도시가 성벽 밖으로 확장되어 가며 성벽은 소실되어 갔고, 중세 시대에는 유명무실해진 성벽에 궁전을 짓기도 했다. 게다가 12세기부터는 외곽에 더 확장된 울타리 경계가 만들어짐에 따라 기존 성벽은 점진적으로 파괴되고 사라져 갔다고 하는데, 그러한 성벽의 일부가 남아 있는 곳이 아키텐 공작 궁전(Palais des ducs d'Aqutaine)이라고 한다.

아키텐 공작 궁전은 과거 메로빙거 왕조와 카롤링거 왕조의 궁전이 있던 자리이고, 12세기 헨리 2세와 재혼한 엘레오노르 다키텐(Éléonore d'Aquitaine) 여 공작과 그의 아들 사자왕 리처드1세(Richard I)에 의해 증개축이 이루어져 중세 가장 훌륭한 토목 건축물 중 하나가 되었다고 하는데, 현재 정비 사업 중으로 차단벽이 설치되어 있다.

그리고 또 한 가지 주목할 만한 사실은 잔다르크(Jeanne d'Arc)가 신의 계시를 받고 나라를 구하기 위해서 나섰을 때, 당시 푸아티에 궁전으로 피신한 샤를 7세(Charles VII)가 이곳 투르 모베르전(Tour Maubergeon) 법정에서 잔다르크의 진정성과 도덕성, 신앙심 등을 확인하기 위한 종교적 심문을 하도록 하였다고 한다. 이를 증명하듯 잔다르크 동상이 차단벽 너머로 작은 몸집으로 서있는 모습이 보인다.

그외 우연히도 생뚱맞아 보이는 자유여신상(La Statue de la Liberté)도 만나보게 된다. 이곳의 자유여신상은 1822년, 나폴레옹 전쟁에 참전했던

Palais des ducs d'Aquitaine

장 바티스트 브르통(Jean-Baptiste Breton) 장군이 루이 18세에 대한 음모를 꾸미다가 발각되어 이곳 단두대에서 처형될 때, 그는 '자유'를 외치며 죽었다고 한다.

1900년, 이러한 그를 기리기 위해 기존 광장의 이름을 자유 광장(Place de la Liberté)으로 바꾸었고, 1903년에는 자유의 여신상까지 세웠다. 파리 뤽상부르 공원에서도 무심하게 자유여신상을 보며 그냥 관심 없이 지나친 적이 있었는데, 그곳의 자유여신상에는 어떤 의미가 숨겨져 있는지 절로 궁금해진다.

이젠 푸아티에*Poitiers*에 대한 아쉬움을 뒤로하고 누벨 아키텐*Nouvelle Aquitaine* 지역 기차를 타고 라로셸*La Rochelle*로 향한다. 지금까지 이용해 본 프랑스 기차 중에는 일부 떼제베*TGV*와 노르망디*Normandie* 지역 기차에서만 Wifi를 경험했을 뿐, 그외 지방 기차에서는 Wifi를 전혀 접해 보지 못했다. 이렇듯 프랑스 대중교통에는 Wifi가 보편화되어 있지 않은데, 시내버스나 메트로도 마찬가지이다.

La Statue de la Liberté

✈ Île-de-Ré 일-드-헤

기차로 도착한 라로셸의 기차역(Gare de la Rochelle)은 시계첨탑이 인상적인 웅장한 역사를 가지고 있다. 사실 라로셸*La Rochelle*에 온 것은 이곳에서 연륙교인 일드헤 다리(Pont de l' Île-de-Ré)로 연결된 섬인 일 드 헤*Île de Ré*를 가기 위함이다. 지난 지중해 대서양 종단 자전거 여행 마지막 날 종착지인 후아양*Royan*을 앞두고 여행 길에서 잠시 만났던 프랑수와즈(Françoise)라는 여성이 이 섬의 상트 마리 드 헤 *Sainte-Marie-de-Ré* 마을에 살고 있는데, 필자를 집으로 초대해 주었기 때문이다.

그럼에도 그녀와 필자의 관계를 특별히 부자연스럽게 볼 필요가 없는 게 프랑스에는 자신의 집을 오픈하여 자전거 여행하는 여행객에게 무상으로 카우치 베드를 제공하고, 온수샤워(Warm Shower)를 할 수 있도록 서비스를 제공하는 문화가 있고 바로 그 일환일 뿐이기 때문이다. 그녀는 필자보다 2살 연하로, 자식 없이 사별

Pont de l' Île-de-Ré

하고는 혼자 산다고 한다. 그녀는 클레르 몽페랑(Clermont Ferrand)에 있는 광고 회사를 다녔고, 자신의 고향인 렌(Rennes)과 클레르 몽페랑(Clermont Ferrand)에 보유하고 있는 아파트 임대 소득으로 생활하고 있고, 지금 살고 있는 집은 사별한 남편이 자신 이전의 배우자와의 사이에 낳은 아들의 소유이지만, 의붓어머니인 자신이 무상으로 살 수 있도록 제공해 줘서 거주하고 있단다.

의붓아들이 제공해 준 소박한 집에서 그녀의 반려견 벨르(Belle)가 유일한 그녀의 식구이다. 암컷인 반려견은 주인을 닮아 잘 순화되고 교양을 갖춘 견공 같다. 고기나 과일 야채 빵 등 못 먹는 음식이 없지만 절대 달라고 보채는 법이 없고, 음식을 주는 그 순간에만 마파람에 게눈 감추듯 순식간에 먹어 치운다. 8살이라는 벨르(Belle)는 버려졌던 유기견으로, 1살 때 입양받아 7년째 키워 왔다고 한다. 아마 버려졌을 당시 굶주려 길에서 아무 음식이나 먹었던 습성 때문에 못 먹는 음식이 없게 된 것 같다고 하는데, 다리가 부러져 있었던 입양 당시 건강치 못했던 상태와 달리 지금은 아주 건강하고도 인격(?)도 갖춘 품위 있는 견공의 모습이라 역시 애완동물은 주인의 성품을 닮게 된다는 것을 실감한다.

집 뒤뜰 넓지 않은 정원에는 유난히 유실수가 많다. 감귤의 일종인 만다린, 살구나무, 감나무, 무화과나무, 구아바나무 등이 있는데, 그중 구아바나무 꽃이 그렇게 예쁘다고 한다. 6월에 꽃이 피면 사진을 찍어 보내주겠다고 하면서 필자에게도 산티아고 순례여행 하면서 종종 사진을 찍어 보내달라고 한다. 필자는 이후 산티아고 순례길 중 까미노 델 노르테

(Camino del Norte) 북부 해안길 순례 여행을 떠날 것이라고 이미 계획을 얘기해 주었기 때문이다.

아무튼, 프랑수와즈(Françoise) 집에서 맞게 된 아침, 그녀는 필자를 위해 뮤즐리(Museli)와 우유, 바게트 빵과 과일 잼, 버터, 푸아그라(foie gras), 그리고 커피 등을 준비했다. 하지만, 혹시 어떨까 싶어 인근 마트 Carrefour City에서 파는 한국 라면과 달걀을 사 와서는 내가 준비할 테니 한국식으로 먹어보자고 제안을 해서 함께 김치에 라면으로 아침을 함께한다. 꽤 오랫동안 늘 다녀온 까르푸(Carrefour)였겠지만 그곳에 이런 한국 라면이 있었냐며 맛있게 먹어 준다. 그녀에게는 처음이었던 김치에 이어 라면까지 한국 음식에 친밀감을 보여준 그녀의 모습이 보기 좋게 느껴진다.

식후 그녀의 제안에 따라 일 드 헤*Île-de-Ré* 섬 드라이브에 나선다. 먼저 찾아간 곳은 섬 중앙에서 북쪽 해안에 있는 생 마흐땅 드 헤(Saint-Martin-de-Ré) 성벽 요새 도시로 군사적 목적의 성벽 도시 건축 전문가 보방(Vauban) 후작에 의해 설계된 도시라고 설명을 곁들여 준다.

라로셸 공성전(Siège de La Rochelle) 당시도 라로셸 요새 안에 고립된 채 프랑스 정부군과 항전을 펼치고 있던 위그노 반군을 지원하려는 영국군이 전략적으로 일 드 헤*Île-de-Ré*를 병참기지로 삼아야 했다. 따라서 생 마흐땅 드 헤*Saint-Martin-de-Ré*를 지키려는 프랑스 정부군과 영국군 간에 치

열한 공성전이 벌어졌던 곳이기도 하다.

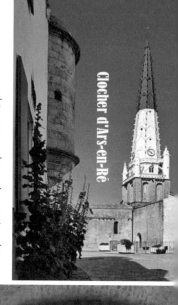

이후 섬과 섬을 잇는 방조제 같은 섬의 병목 구간을 지나 아-헝-헤*Ars-en-Ré* 마을 중앙을 관통해 지나는데, 그 마을에는 클로셰 다-헝-헤(Clocher d'Ars-en-Ré)라는 블랙 앤 화이트 투톤의 첨탑인 종탑이 우뚝 솟아 있어 인상적이다. 상대적으로 주변의 어떠한 건축물보다 압도적인 높이라서 등대 역할까지 한다고 한다.

아-헝-헤*Ars-en-Ré* 마을에 이어 아-헝-헤(Île de Ré) 섬의 서북쪽 마지막 마을인 생-클레멍-데-발렌느(Saint-Clément-des-Baleines)의 곶 지형에 발렌느 등대(Phare des Baleines)가 자리 잡고 있는데, 그 길목에 해상 구조 활동에 필요한 구명보트 보관소(Ancienne Protection du Canot de Sauvetage)였던 곳이 있다. 이곳에서 관광 가이드 역할을 마다하지 않는 프랑수와즈의 실루엣 사진을 담아 본다.

이 지역 해상에서는 18세기 말부터 20세기 초까지 390척의 선박이 난파되었다고 하고, 1920년에는 대형 여객선이 폭풍우 속에서 바위에 부딪힌 후 침몰하여 선원과 승객 589명 중에 단 39명만 살아남은 해상 조난 사고가 있었는데, 이는 인명피해가 가장 컸던 해상 재해 중 하나로 기록되고 있다고 한다. 사고가 잦았던 해상 지역인 만큼, 이곳 발렌느(Baleines) 등대는 일 드 헤*Île-de-Ré* 섬에서 가장 큰 등대라고 하고,

발렌느(Baleines)는 모비딕(Moby-Dick) 고래를 의미한다고 얘기해 준다.

Le Moulin de Bellère

돌아오는 길에 유난히 풍차 방앗간 믈랑(Moulin)이 눈에 많이 띈다. 역시 유럽의 오래된 마을은 현재와 과거가 자연스럽게 공존하고 있어 더욱 매력적인 것 같다.

프랑수와즈(Françoise) 집으로 돌아가는 길에 훌륭한 가이드 역할을 해주는 그녀에게 레스토랑에서 식사를 대접하고 싶다고 제안한다. 검소한 생활에 익숙한 듯 보이는 그녀는 그냥 집에서 지난 저녁에 먹고 남은 등심 등으로 그냥 먹자며 필자가 돈 많이 쓰는 것을 염려해 준다. 결국은 필자 의견대로 그녀가 잘 아는 식당으로 가게 된다. 그녀가 내게 베풀어준 호의에 대한 최소한의 감사 표시이자 나의 즐거움이라는 설득이 그녀에게 통했던 것이다. 찾아간 레스토랑의 점심 메뉴는 음식이 아주 싼 반면에 내용은 아주 훌륭하다. 에피타이저(Entrée), 메인 음식(Plat), 디저트(Dessert)까지 15.40유로밖에 안 한다.

이 중 에피타이저(Entrée)는 7~8가지 갖춰진 뷔페식 셀프 서비스로 마음껏 가져다 먹을 수 있는데, 이 중 청어회 샐러드가 단연 최고다. 메인은 비프 스테이크, 후식은 크렘 브휼리(Crème brûlée)로 선택한다. 후식 경우는 크림을 주재료한 푸딩 같은 것 위에 갈

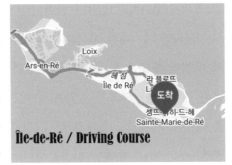

Île-de-Ré / Driving Course

색 설탕을 뿌리고 불에 구워 마치 코
팅된 것처럼 바삭거려 식감이 좋다.
모두 직접 식당에서 만든다고 하니
일전에 33유로 주고 먹었던 음식과
많이 비교된다. 반도 안 되는 가격
에 오히려 질은 두 배 이상으로 훌륭
했던 만큼, 역시나 그녀가 안내해 준
곳은 레스토랑마저 특별했다.

식사를 마치고 그녀의 집에서 커피 한 잔을 마지막으로 짐을 챙겨 떠나
게 되는데, 그녀의 집은 별로 넓지않은 집임에도 정원도 갖추고 있고, 모든
프랑스 주택들이 그렇듯이 목공이나 집안 보수나 수리 등을 위한 창고도
갖추고 있다. 그녀도 보통의 프랑스인처럼 엔지니어와 다름없을 것 같다.

✈ La Rochelle 라로셸

　　　　원래 여행이란 여행 중에 만난 사람들과 우연한 만남과 기약
없는 이별의 반복이듯 기약 없이 일드헤*Île-de-Ré*를 떠나 라로셸*La Rochelle*로
돌아왔다.

라로셸*La Rochelle*은 한때 난공불락의 요새였던 프랑스 서부에 있는 항
구 도시로 알렉산드르 뒤마의 소설 『삼총사(Les Trois Mousquetaires)』의
배경이 되기도 했는데, 라로셸 공성전(Siège de La Rochelle)이 바로 그 역

Tour de l'Horloge

Vieux Port de La Rochelle

사적 사건이다.

라로셸La Rochelle은 앙리 4세의 낭트 칙령에 의해 특권을 부여받고 모여든 개신교 위그노들의 자치주가 되어 당시 프랑스에서 2~3번째가 되는 거대한 도시가 되었는데, 앙리 4세가 가톨릭 교도에 의해 암살된 후 섭정을 맡은 루이 13세의 모후 마리 드 메드시스가 친가톨릭 정책으로 회귀하자 위그노들이 저항 세력을 조직하여 반란을 일으키게 된다. 이에 당시 재상인 리슐리에 추기경(cardinal de Richelieu)이 난공불락의 라로셸La Rochelle을 육지와 바다 모두 완벽하게 봉쇄하여 버킹험 공작이 이끄는 영국군의 위그노 지원을 차단함으로써 라로셸 공성전(Siège de La Rochelle)을 승리로 이끄는 전기를 마련하였다. 당시 해상 봉쇄는 1.4km 항만에 방파제를 쌓아 가능케 되었는데, 이것은 물살이 빠른 방파제 중심부에 돌을 가득 실은 배를 침몰시켜서 물길을 막음으로서 가능했다고 한다.

먼저, 항구 도시 라로셸La Rochelle의 지형을 간단히 살펴보면 내륙 쪽 깊

Tour de la Chaîne   Tour Saint Nicolas

숙한 만 안쪽에는 그다지 넓지 않은 라로셸La Rochelle의 올드 항구(Vieux Port de La Rochelle)가 있고, 대양 방향의 외항에 몇 배 더 넓은

신항구가 있으며, 그 사
이에 좁아지는 협부 양쪽
으로 체인 타워(Tour de
la Chaîne)와 세인트 니
콜라스 타워(Tour Saint
Nicolas)가 자리하여 항
구를 지키는 파수꾼 역
할을 해온 듯 싶다.

올드 항구 항만 언저리
에는 시계 타워(Tour de
l'Horloge)가 솟아 있어
내륙으로 통하는 성곽 게
이트 역할을 하며 올드
항구 입구 좌우에 있는

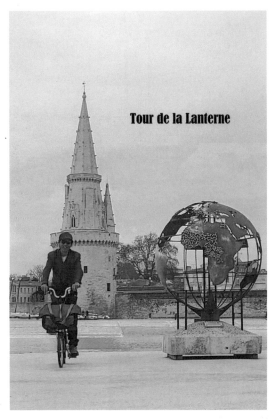
Tour de la Lanterne

체인 타워(Tour de la Chaîne)와 세인트 니콜라스 타워(Tour Saint Nicolas),
그리고 랜턴 타워 등과 함께 라로셀*La Rochelle*의 주요 랜드마크를 이룬다
할 것인데, 랜턴 타워(Tour de la Lanterne)는 신항 방향으로 좀 더 넓어진
협부에 있으며 등대와 감옥으로 기능하였다고 한다.

산티아고 순례 여행을 위하여 스페인과 국경 마을인 엉데*Handaye*로 가
기 전 라로셀*La Rochelle*에 하루 머물게 되는데, 필자가 머물고 있는 숙소
는 신항구가 바로 내다보이는 위치에 있다. 숙소를 나와 신항구 해변로를
달려 올드 항구로 향하다 보면, 바다 쪽 항구나 항만 부둣가에나 온통 배
들밖에 안 보이는 것 같다.

항구에는 줄지어 정박되어 있는 요트들로 가득하고, 항만 부둣가 역시

Port de plaisance

도 마치 선박정비소 단지처럼 이곳저곳 부두로 올려놓은 배들의 수리나 보수를 위해 분주하다. 이런 풍경을 카메라에 담는 중 배 수리공이 자신을 찍어 달라는 듯 포즈를 취해 주는데, 이런 여유가 자신의 작업을 즐기고 있는 듯 보여 보기 좋고, 자전거 타고 빙그레 미소 지으며 앵글 속을 지나는 여성의 모습도 싱그럽게 느껴진다.

라로셸*La Rochelle* 신항이 유럽에서 가장 큰 Marina Port(Port de Plaisance)로 무려 5,200대의 요트가 정박되어 있음을 알게 된다. 라로셸 *La Rochelle*에 도착하던 날, 올드 항구(Vieux Port de La Rochelle) 항만에서 만났던 에스페란사 브렛(Esperanza Bret)과 필리프(Philippe) 부부를 우연히 숙소 식당에서 만나 전해듣게 된 것이다.

오는 날 만나서 떠나는 날 다시 재회하게 된 그들과의 인연 역시 예사롭지 않다. 그들은 오늘 일 드 해*Île de Ré* 섬을 관광하고 내일 파리로 돌아간다고 하며, 이미 다녀왔다는 필자에게 생 마흐땅 드 헤(Saint-Martin-

de-Ré) 요새 마을을 구경
했냐며 묻고는 그곳은 군
사 요새 설계 전문가인 보
방(Vauban)에 의해 축성되
었다고 얘기해 준다. 필자
가 이에 보방(Vauban) 그는
알자스(Alsace) 지방 콜마

르(Colmar) 인근 라인강변 뇌프–브리작(Neuf-Brisach) 미을에 펜타곤 형
태의 요새를 건설한 사실도 알고 있다고 하자 자신들이야 여행을 많이 다
니니까 알고 있지만, 대부분 프랑스 사람들도 모르는 사실들을 너무 많이
알고 있다며 놀라워한다.

　얘기 끝에 최근 파리 한국 대사관에 가서 대통령 선거 투표를 다녀왔다
고 하자 자신도 앵발리드 인
근 한국 대사관 위치를 잘
안다며 그 인근에 영어로 대
화하는 모임이 있어 종종 그
곳을 찾는다고 한다. 내게
한국 주소를 묻고는 자신들
의 주소도 적어 주는데 아나
로그적 감성에 새롭게 젖게
된다. 체크아웃하는 데 미리
숙소 정문에 나와 기다리다
가 따뜻한 배웅도 아끼지 않
는다.

에스페란사(Esperanza)는 남편과 함께한 산티아고 순례 기념 손목띠를  필자 손목에 묶어 주고는 점 퍼 지퍼도 가슴 위에 까지 올려주면서 몸 조심히 여행 잘하라는 당부를 잊지 않는 다. 절로 따뜻한 모성의 마음이 전해져 오며 뭉클해진다. 여행은 색다른 여행 경험을 통해서뿐만 아니라 여행 중 만나게 되는 분들과 교감을 통해 정서를 풍요롭게 해주며 삶을 살찌워 주는 것 같다.

아직 기차 시간까지는 2시간 이상 남았지만, 와이파이 이용과 충전을 위해 역으로 가게 되는데, 당초 예약한 기차보다 2시간 10분가량 일찍 출발하는 11시 33분, 보르도*Bordeaux* 행 기차가 있어 라로셸*La Rochelle*을 황급히 떠나게 된다. 라로셸*La Rochelle*과 일 드 헤*Île de Ré*에서의 소중한 추억을 가슴에 간직하고서....

탑승한 보르도*Bordeaux* 행 누벨 아키텐*Nouvelle-Aquitaine* 지역 기차의 차장이 검표를 한다. 예약한 열차보다 2시간여 빠른 기차를 탑승한 필자에게 'No Good.'이라며 손가락을 좌우로 가로젓는다. 다행히 그 이상은 문제 삼지는 않는다. 다만, 보르도*Bordeaux*에서 엉데*Hendaye*행 떼제베*TGV* 기차는 제시간 기차를 타 달라는 당부를 전한다. 보르도 생장(Bordeaux Saint-Jean) 역에는 14시 10분에 도착한다. 예약된 엉데*Hendaye* 행 기차는 17시 20분에 있고, 그 전에는 14시 20분 떼제베*TGV*와 14시 38분 지역 기차가 있다.

소요 시간은 지역 기차가 5분 느리고 와이파이 유무 정도 차이가 있다. 잠시 내려 샌드위치도 사야 할 여유 시간도 필요하고 검표 역시 덜 까다로운 후자를 택하게 되는데, 가격은 오히려 떼제베*TGV*보다 비싸다.

이는 잘못된 선택으로 머지않아 확인된다. 결론적으로, 14시 20분 떼제베*TGV*를 타거나 원래 예약된 17시 20분 떼제베*TGV*를 탔어야 했다. 차종이 달라 관리 주체가 다른 예약되지 않은 누벨 아키텐*Nouvelle-Aquitaine* 지역 기차를 타게 되니 검표하는 차장이 별도 요금을 내라고 한다. 그 요금에는 벌금까지 더해져 부과된다. 다음 역에 그냥 내릴 수 있으나 그 역에는 필자가 타야 할 떼제베*TGV*가 정차하지 않는 역이다. 별 수 없이 벌금이 더해진 별도의 요금을 지불해야 했다.

이번 기차 여행에서 지역별 기차에 따라 시스템에 다소 차이가 있음도 알게 되었다. 리옹을 비롯한 알프스 지역인 오베르뉴 론 알프*Auvergne-Rhône-Alpes* 지방*Région, 해지옹* 경우는 2nd Class 기차표를 예매하면 지정석도 없고, 검표되기 전까지는 1주일 간 유효하다. 따라서 탑승 날짜나 탑승 시간이 1주일 내에서는 언제 어느 시간에 타더라도 전혀 문제 되지 않는다.

아무튼, 쓸데없는 많은 것들을 익히면서 우여곡절 끝에 스페인에 인접한 프랑스 국경 마을 엉데*Hendaye*에 이르게 되며 막연히 긴장 모드에 접어들게 되는데, 이후의 여행기는 여행 도서, 『홀로 하는 산티아고 순례여행 까미노 델 노르테』로 이어진다.

Epilogue
에필로그

필자의 유럽 자전거 여행은 이번이 세 번째였다. 첫 번째는 2018년 스페인 바르셀로나에서 이탈리아 벤티미글리아까지 지중해 자전거 여행이었고, 두 번째는 2021년 비아로나*Viarhona* 자전거 여행(https://en.viarhona.com/cycle-route)으로, 제네바 호수 동남쪽 스위스와 프랑스 세인트 정골프(Saint Gingolph)에서 지중해 뽀흐 셍 루이 뒤 혼(Port-Saint-Louis-du-Rhône)까지 혼(Rhone) 강 따라서 진행한 자전거 여행이었다.

이렇게 유럽에서 세 차례 자전거 여행하는 과정에서 뒤늦게 알게 된 흥미로운 정보가 있는데, 바로 유럽에는 유럽 대륙을 종횡으로 달릴 수 있는 주요Euro Velo 길이 19개나 있다는 사실이다. 이를 소개한 Website는 'https://en.eurovelo.com/'이다.

이 중 흥미로운 주요 Euro Velo Route를 소개하면, EuroVelo1 대서양 해안길(Atlantic Coast Route)로, 포르투갈에서 시작하여 스페인, 영국, 아일랜드, 스코트랜드를 거쳐 노르웨이 북쪽 땅끝까지 11,000km로, 이 과정에서 배를 타고 바다를 6차례 건너야 하는 대장정이고, EuroVelo6는 대서양에서 흑해까지 유럽 대륙을 횡단하는*Atlantic ~ Black Sea* 6,650km, EuroVelo9은 발틱해에서 아드리아해까지*Baltic ~ Adriatic Sea* 2,050km, 그리고 EuroVelo13은 철의 장막 트레일(Iron Curtain Trail)로 과거 냉전 시대 당시 나토(NATO)와 소비에트 공산 블럭의 경계였던 9,950km 길이다.

모두 도전해 보고 싶은 자전거 길이지만, 이 중 상대적으로 무난해 보이는 EuroVelo6와 9 유럽 대륙 횡단과 발틱에서 아드리아해까지 유럽 대륙 종단을 도전해 볼까 욕심을 가져 본다. 이는 아마도 중남미 대륙 여행 이후인 2026년이나 2027년이 되지 않을까 한다.

새삼 건강을 지키기 위한 체력 관리가 그 무엇보다 중요하다는 사실을 마음에 되새기게 된다. 건강만 뒷받침되면 죽는 그날까지 그 무엇이라도 하겠지만, 반면 건강을 잃으면 그 무엇도 할 수 없고, 결국 모든 것을 잃게 되기 때문이다. 따라서 필자는 체력을 잘 관리하여 생의 마지막 순간까지 세계 모든 곳을 다니며 필자가 꿈꾸는 삶을 완성시키고자 한다. 물론 의 미완의 완성이겠지만….

아무튼, 여행을 통해 피부에 와닿는 세계 역사와 지리에 대한 인문학적 지식을 쌓고, 그리고 각 나라 세계인들 생활 문화 전반에 대한 경험과 견문을 통해 인간의 본질이 무엇인지에 접근하는 노력 자체가 남은 여생의 모두가 될 것이다.

Mini Velo와 함께한
지중해에서 대서양까지 프랑스 종단 자전거 여행
Le Canal des 2 Mers à vélo

펴 낸 날   2024년 11월 29일

지 은 이   김희태
펴 낸 이   이기성
기획편집   이지희, 윤가영, 서해주
표지디자인 이지희
책임마케팅 강보현, 김성욱
펴 낸 곳   도서출판 생각나눔
출판등록   제 2018-000288호
주   소   경기 고양시 덕양구 청초로 66, 덕은리버워크 B동 1708호, 1709호
전   화   02-325-5100
팩   스   02-325-5101
홈페이지   www.생각나눔.kr
이 메 일   bookmain@think-book.com

• 책값은 표지 뒷면에 표기되어 있습니다.
  ISBN 979-11-7048-796-8(03920)